VIDA DE AGÊNCIA

LUCRO E LIBERDADE

Igor Moraes • Jean Vidal • Karine Sabino

VIDA DE AGÊNCIA

LUCRO E LIBERDADE

Saia do caos e construa uma
agência digital com práticas replicáveis

São Paulo, 2024
www.dvseditora.com.br

VIDA DE AGÊNCIA

DVS Editora 2024 – Todos os direitos para a língua portuguesa reservados pela Editora.

Nenhuma parte deste livro poderá ser reproduzida, armazenada em sistema de recuperação, ou transmitida por qualquer meio, seja na forma eletrônica, mecânica, fotocopiada, gravada ou qualquer outra, sem a autorização por escrito dos autores e da Editora.

Revisão de Textos: Hellen Suzuki
Design de capa: Igor Moraes
Projeto gráfico e diagramação: BRO studio / Bruno Ortega

```
            Dados Internacionais de Catalogação na Publicação (CIP)
                    (Câmara Brasileira do Livro, SP, Brasil)

    Moraes, Igor
        Vida de agência : lucro e liberdade : saia do caos
    e construa uma agência digital com práticas
    replicáveis / Igor Moraes, Jean Vidal, Karine Sabino.
    -- São Paulo : DVS Editora, 2024.

        Bibliografia.
        ISBN 978-65-5695-132-4

        1. Agências de publicidade 2. Comunicação
    3. Estratégia de comunicação 4. Estratégia de
    marketing 5. Estratégia empresarial 6. Marketing
    digital 7. Sucesso nos negócios I. Vidal, Jean.
    II. Sabino, Karine. III. Título.

    24-228708                                          CDD-659.1
```

Índices para catálogo sistemático:

1. Publicidade e propaganda   659.1

Eliete Marques da Silva - Bibliotecária - CRB-8/9380

Nota: Muito cuidado e técnica foram empregados na edição deste livro. No entanto, não estamos livres de pequenos erros de digitação, problemas na impressão ou de uma dúvida conceitual. Para qualquer uma dessas hipóteses solicitamos a comunicação ao nosso serviço de atendimento através do e-mail: atendimento@dvseditora.com.br. Só assim poderemos ajudar a esclarecer suas dúvidas.

SUMÁRIO

Prefácio 8

Sobre os Autores 10
Igor Moraes 10
Jean Vidal 11
Karine Sabino 11

CAPÍTULO 1

Alguém do seu time vai abrir uma agência 13
Você também pode ter começado sua agência ao sair de outra 14
Iniciar uma agência não exige alto capital inicial 16
É simples se posicionar como uma marca grande,
mesmo quando pequeno 17
É comum o primeiro negócio de um empreendedor ser uma agência 18
Entender o que pode ocorrer é estar preparado! 19

CAPÍTULO 2

Empreendedorismo e modelo de negócio 21
Novo negócio: vale começar com uma agência? 22
Sociedade em agência por questões técnicas: cuidado! 30
Desafios do dono: construir e escalar 36
Agência full, agência especialista ou agência de função?
Como definir ou por onde começar? 43
Quem contratar primeiro para sua agência? 50
Churn & mercado de recorrência: os impactos na vida de agência 53
Entrega mínima x entrega profunda 59
Sair do formato de eugência 61

CAPÍTULO 3

Escala de clientes & processo comercial 65
Vendas: importância e desafios 66
Já tenho uma agência.
Como fazer um diagnóstico do meu cenário atual? 73

CAPÍTULO 4
Como começar e estruturar a sua agência 79
Os três níveis do crescimento de uma agência 80
A evolução da agência através dos níveis 82
Estrutura de processo de vendas 83

CAPÍTULO 5
Boas práticas para contratos 93
Regras do jogo: documentação 94
Responsabilidade de meio 99
Ajustes: a dor de cabeça de toda agência 100

CAPÍTULO 6
Seleção de pessoal 103
Fechou cliente, uhul! Precisamos contratar! 104
Contrate devagar e demita rápido 108
Fiquei sem pessoal para atender, e agora? 112
Boas práticas de onboarding para um colaborador 119
Agência-escola ou time de experts 124

CAPÍTULO 7
Atendimento de clientes 129
Construção de processo: organizar a casa para crescer 130
Squad ou atendimento individual 136
Metodologias de atendimento 139
Rituais, a chave do jogo 143
O cliente não é seu chefe! 144

CAPÍTULO 8
Mitos e verdades 145
[Mito] O preço é o meu diferencial 146
[Verdade] O dono de agência é o maior vendedor, mas não pode ficar aqui 147
[Mito] Vender sem tempo mínimo de contrato como diferencial 147

[Verdade] Dono de eugência tem um lucro maior 148
[Mito] O sucesso de agência é medido
pela quantidade de pessoas do time 149
[Mito] A IA vai roubar empregos 149

CAPÍTULO 9
Exit | Venda do negócio 151
Não tem como vender 152
Carteira de clientes não é ativo 153
Formatos comuns de vendas 153
Construir agências para isso e os caminhos até a venda 154
Case: Fusão de agências 159
Case: Aquisição da Conexorama pelo Grupo Duo 162
Case de "insucesso": Quando ser dono de agência não é o caminho. 164

CAPÍTULO 10
O que eu gostaria de saber quando comecei 167
Escala versus escalabilidade 168
Dizer "não" e acelerar com foco 169
Como as agências são e como poderiam ser! 171

CAPÍTULO 11
O que pode facilitar o seu jogo 173
Lemos livros 174
Ouvimos a nossa equipe 175
Investimos em networking 178

Agradecimentos 181
Jean Vidal 181
Karine Sabino 181
Igor Moraes 181

Bibliografia 183

PREFÁCIO

Na vida, não existe fórmula mágica para o sucesso. Acredito que o verdadeiro segredo está na capacidade de se inspirar em pessoas que já alcançaram resultados extraordinários. Entender como essas pessoas pensam, o ambiente em que elas vivem, a forma que elas trabalham e o que as levou ao sucesso é o primeiro passo para construir sua própria trajetória vitoriosa.

Quando comecei, em 2013, não sabia o quanto o poder da ambiência poderia refletir nos meus passos seguintes, e não conseguia enxergar que havia alguém em quem eu pudesse me espelhar ou aprender, o que tornou a jornada inicial desafiadora. Hoje, com redes sociais, *masterminds*, mentorias e eventos, o aprendizado está muito mais acessível, e essas referências teriam acelerado meus resultados.

Mas você, que está prestes a ler este livro, tem uma oportunidade de ouro. A partir dessa base, você pode desenvolver sua própria cultura, forma de gerir, liderar e fazer a diferença. E ser diferente é o que realmente destaca alguém em qualquer área da vida.

No Grupo Duo&Co, apostamos na escalabilidade com resultado em um setor com muitos mitos e poucas verdades. Embora existam práticas duvidosas no mercado, acredito firmemente no poder do bem.

Muita promessa e pouca entrega. Muito investimento em mídia e pouca personalidade. Em um mundo onde todo mundo é o melhor e seguidores são métricas de vaidade, meu propósito é ser uma força positiva, gerando mudanças e inspirando outros a fazer o mesmo. Isso me motiva diariamente, sobretudo ao ver o crescimento e a expansão de quem está ao meu lado.

O grupo, que começou como uma agência e duas pessoas, hoje conta com várias frentes, impactando a vida de quase 300 pessoas e suas famílias. Isso só reforça minha crença de que, mesmo em um mercado cheio de falhas e platôs, é possível se destacar e construir um legado e uma vida próspera.

Por fim, compartilho a frase que tem guiado os meus passos e a minha vida, não apenas do empresário, mas do ser humano João Brognoli: *"O ambiente muda tudo"*.

Acredito que o ambiente no qual convivemos e as pessoas que escolhemos para estar ao nosso lado são decisivos para o nosso sucesso. Nós somos um pouco daqueles que nos cercam. O que me impulsiona é a busca constante por melhorar 1% a cada dia, participando de ambientes e movimentos que apoiem a construção de algo melhor. Ser melhor não apenas para si, mas para todos à nossa volta.

E se você também busca aprender com quem já trilhou o caminho do sucesso no mundo das agências, aproveite ao máximo a experiência de mergulhar nas histórias do Igor, do Jean e da Karine em *Vida de Agência*.

João Brognoli
CEO do Grupo Duo&Co e Duo Studio
— 2x eleita a melhor agência digital do Brasil —,
mentor e palestrante, e Empreendedor do Ano em 2023

SOBRE OS AUTORES

Este livro foi criado para servir como um guia estratégico para quem deseja iniciar, estruturar e escalar uma agência, seja de marketing, publicidade, comunicação ou serviços digitais.

Em um mundo onde a digitalização e a competição global são realidades inescapáveis, abrir e gerir uma agência pode ser tanto uma oportunidade de sucesso quanto um desafio significativo.

Foi compartilhando suas experiências, aprendendo com erros e celebrando acertos que, no dia 16 de fevereiro de 2024, Igor Moraes, Jean Vidal e Karine Sabino decidiram narrar suas trajetórias de sucesso — sem deixar de lado o que também deu errado — por meio deste livro.

Esses três profissionais e empreendedores têm histórias em comum e percorreram caminhos semelhantes, o que os aproximou no vasto mercado do marketing. Juntos, compartilharam projetos, conselhos e uma rica bagagem de experiência.

Ao tomarem a decisão de escrever este livro, afirmaram com convicção:

"Não confiaria meu nome e meu posicionamento a outras pessoas."

Antes de iniciar a leitura, conheça um pouco mais sobre os nossos autores:

Igor Moraes

Igor Moraes é empresário, mentor, consultor, palestrante e reconhecido como Top 100 Profissionais do Mercado Digital. Já viajou mais de 40 cidades ao redor do Brasil levando sua metodologia de aceleração para agências. Atualmente é sócio e cofundador da agência de Branding e Performance ASOMA e CEO e Fundador do hub educacional Agências Lucrativas, ajudando pequenas e médias agências a estruturarem e escalarem seu negócio.

@igormoraes /in/igormoraes

Jean Vidal

Palestrante e professor de inbound marketing, automação de marketing e lead scoring. Jean foi o segundo CLT da história da RD Station, participando do nascimento do inbound marketing no Brasil. Atua como CEO na Conexorama aplicando o processo de inbound marketing em mais de 500 empresas e treinando mais de 8.000 alunos ao longo de 10 anos de mercado. À frente da Conexorama, ajuda a transformar o conhecimento em soluções de treinamento e formação avançada de profissionais em Marketing Digital, através de uma plataforma de educação do Grupo Duo.

@jsvidal.web /in/jean-vidal-inbound

Karine Sabino

Com mais de 15 anos de experiência em comunicação empresarial, Karine é CEO da Abraind, uma agência especializada em marketing industrial. Especialista em inbound marketing e marketing para negócios B2B, conquistou autoridade pela sua liderança e expertise no setor digital. Além disso, atua como mentora e consultora para agências digitais, com foco em processos, definição de serviços, modelos de negócios e gestão de pessoas. Já auxiliou mais de 700 agências a operarem de forma mais rentável por meio de processos eficientes e da construção de equipes autogerenciáveis. Foi a primeira mulher a presidir a ABRADi-SC e também atuou como *advisor* em diversas startups com foco em vendas, educação e projetos.

@karisabino /in/karine-sabino

CAPÍTULO 1

ALGUÉM DO SEU TIME VAI ABRIR UMA AGÊNCIA

> *"O que você fez no passado pode não garantir o futuro que você deseja."*
>
> **Igor Moraes**

Um dia, alguém do seu time, aquele profissional que tanto foi treinado, que tanto auxiliou no crescimento do seu negócio, vivenciando a loucura que é a "vida de agência", invariavelmente, sairá da sua empresa para iniciar a própria. E, muitas vezes, esse novo negócio também será uma agência.

Essa é a verdade mais cruel, que todo dono de agência com algum tempo de estrada (arrisco a dizer que pelo menos cinco anos) já vivenciou.

O processo pode ser traumático por estar relacionado a alguns dos sentimentos mais profundos do ser humano: o senso de lealdade e justiça.

Agora, se você vai entrar no mercado de agência, ou se você é dono de agência, entenda que isso acontecerá. Então, se prepare!

Você também pode ter começado sua agência ao sair de outra

Todo mundo passa por momentos de virada na vida. E se tornar dono de uma agência pode ser um desses momentos. Mesmo que, a princípio, isso não faça parte dos seus planos.

Em uma de suas palestras, ou mesmo durante bate-papos em eventos do setor, Igor Moraes costuma nos contar como ele se tornou dono de uma agência em um momento de dúvidas e incertezas. Confira:

> *"Como muitos publicitários, meu sonho sempre foi trabalhar em uma grande agência, até que um dia eu me realizei: entrei para uma agência massa na minha região.*
>
> *Trabalhei por três anos nessa agência. Lá consegui o meu maior salário como CLT e adorava o que eu fazia. Mas eu tinha hora pra chegar e não tinha hora de sair. E sei que essa é a realidade de muitos que estão lendo este livro.*
>
> *Apesar disso tudo, eu 'me amarrava' com o que eu estava vivendo porque aquele era meu sonho. Só que o tempo foi passando, eu continuava trabalhando muito além do horário estabelecido, e a vontade de sair com os amigos, aproveitar um happy hour foi aparecendo.*

Até que um dia decidi que, quando desse meu horário, eu iria embora. Fiz isso por três dias seguidos, até que o dono da agência me chamou para conversar e me demitiu. Eu esperava uma represália, nunca uma demissão, e questionei: 'Como assim? Estou sendo demitido porque estou saindo na minha hora? É verdade isso?'

E meu futuro ex-chefe respondeu: 'Você sabe como é o mercado, como é a agência, e estou sentindo que você não está mais vestindo a camisa da empresa. É isso, está decidido'.

Saí acabado dessa conversa e fui pra casa muito abalado. No meio do caminho, parei em um posto de gasolina para tomar uma cerveja, encontrei um grande amigo e contei pra ele que havia sido demitido.

Então, esse amigo me aconselhou: 'Vá empreender! Abra uma agência! Tu é bom! Já faz umas paradas bacanas!'

Na época eu já fazia alguns freelas, atendia umas marcas legais. Mas sempre tinha um pouco de receio de empreender, porque quando a gente está como CLT tem uma 'segurança' do salário no final do mês. Até que esse amigo me alertou: 'Você foi demitido! Não existe essa de estabilidade'.

Voltei pra casa com muita vergonha de contar para os meus pais que fui demitido. Demorei três dias para falar com eles o que havia acontecido, mas fui muito acolhido quando disse a verdade.

Assim que recebi a minha rescisão, comprei uma mesa, um iMac (usado) e comuniquei aos meus pais que iria empreender. Foi então que minha mãe perguntou: 'Onde?' No que respondi: 'No meu quarto'.

Começava, naquele momento, a minha jornada como empreendedor, direto do meu quarto. Nascia assim a minha primeira agência (ou eugência).

E, nesse rolê, as coisas começaram a acontecer. Para 'fugir' um pouco do home office comecei a frequentar cafeterias, conheci algumas pessoas, incluindo o meu primeiro sócio, que antes disso foi meu primeiro funcionário.

Feita a sociedade, começamos a trabalhar em coworking e aos poucos fomos contratando mais algumas pessoas. Chegamos a ter oito colaboradores trabalhando com a gente.

Tempos depois surgiu a oportunidade de fazermos uma fusão com uma outra agência da nossa região. Saímos de oito funcionários para vinte e oito, com escritório próprio e atendendo empresas de todo o Brasil, além de Austrália e Estados Unidos.

Em questão de meses, já estava ganhando mais do que ganhava na agência. Mas é claro que também vieram vários desafios, que vou contar pra vocês mais à frente!"

O que queremos enfatizar com essa história é que **você começa um negócio monetizando uma habilidade**. No caso do Igor, o começo foi monetizando a habilidade como designer e, aos poucos, ele agregou pessoas com habilidades que se complementavam.

Aqui, deixamos um questionamento: *Qual habilidade você consegue monetizar para iniciar uma agência?*

Iniciar uma agência não exige alto capital inicial

Imagine que você quer começar um negócio, mas está em dúvida entre duas opções: abrir uma agência ou uma padaria.

Essa dúvida pode ser sanada de forma rápida, facilmente direcionada. Afinal de contas, o capital inicial necessário para abrir uma agência não é o mesmo que o de uma padaria. Lembre-se de que o Igor iniciou sua primeira agência no quarto da casa dos pais!

Pensando por alto, qual seria o valor total de investimento em uma padaria? Algo entre R$50 mil e R$250 mil? Até mais, conforme o tamanho e espaço do local. Já para iniciar uma agência não é preciso um capital inicial alto, muito pelo contrário!

Você pode, por exemplo, se posicionar no mercado com naming e criação do logo da sua empresa, optar por lançar um site (canal que algumas pequenas agências até demoram para criar), ativar o perfil profissional nas redes sociais e pronto! Teoricamente, sua agência está pronta para conquistar os primeiros clientes.

Lembrando que o caminho para iniciar a busca dos clientes e, principalmente, para escalar o seu negócio não depende exclusivamente apenas de logo, site e perfil. Sobre isso, trataremos nos Capítulos 2 e 3.

Contudo, o ponto principal é: por não depender de alto capital para começar uma agência, é comum imaginar que alguém que já teve uma experiência no mercado, e saiba monetizar sua habilidade (como bem nos lembrou o Igor), inicie seu próprio negócio.

É simples se posicionar como uma marca grande, mesmo quando pequeno

Imagine um site muito bem desenvolvido, com boa identidade visual, conteúdo de qualidade, logo de empresas — consideravelmente grandes ou conhecidas — listadas como clientes atendidos.

Acrescente a isso depoimentos em texto e até em vídeo indicando a agência, um blog com rotina de publicações e profundidade de debates, alguns materiais ricos (conteúdos para download grátis em troca de uma informação para contato) e um bom posicionamento nas redes sociais.

Todos esses elementos transmitem a experiência de uma grande agência que consegue equilibrar as demandas dos clientes com a criação do seu próprio *branding*, seja por meio de um time interno de marketing ou tratando a agência como um cliente interno.

Ainda que isso não seja tão comum, não é impossível que uma eugência (termo comum no mercado para quem se posiciona como empresa maior, mas tem apenas uma pessoa na operação, o dono) consiga conquistar esse tipo de posicionamento.

Muito pelo contrário: se você reservar um dia na semana, fechar sua agenda para construir e administrar seu projeto de posicionamento, em pouco tempo, diante de uma boa experiência e técnica profissional, você conseguirá, sim, chegar a esse objetivo. Hoje, temos no mercado pequenas agências ou eugências que se posicionam como grandes, mas, na verdade, não são. E tudo bem! Este é um caminho correto, afinal de contas, esse posicionamento amplia suas possibilidades de crescimento, mesmo que ainda sejam pequenas empresas.

É comum o primeiro negócio de um empreendedor ser uma agência

O sonho de empreender, popularmente chamado de "vírus do empreendedorismo", é algo tão forte na vida de quem tem uma agência que, mesmo em dias em que tudo dá errado (sim, haverá muitos desses dias), não há arrependimento.

Se esse empreendedor pudesse voltar no tempo para dizer *"não crie um negócio, siga uma carreira"*, ele (do passado) não aceitaria essa visão de si próprio (do futuro).

O ponto central é que empreender é um ato de coragem, com boas doses de teimosia. Um sonho tão grande que algumas pessoas usam o termo *jump* (pular) relacionado à imagem mental de pular de um penhasco para definir a decisão de seguir em frente e começar o seu negócio.

Tudo isso, com a eterna esperança de que "tudo vai dar certo", mesmo que alguns digam o contrário. Afinal, confiança e resiliência são características-chave de todo novo empreendedor.

Considere ainda que o primeiro negócio da maioria dos empreendedores é relacionado à prestação de serviços e, diante desse formato (conquistar clientes fixos, em recorrência), são poucas as pessoas que desestimulam esse novo empreendedor.

Por isso mesmo, é comum que a agência seja esse primeiro negócio. Muitas vezes, é a partir de um primeiro cliente que uma pessoa começa a se estruturar e, em algum momento, acaba abrindo a sua agência.

Acrescentamos ainda que há alguns anos não havia tantas consultorias e mentorias (e até livros, como esse que você está lendo) que auxiliam na compreensão deste modelo de negócio. Esses conteúdos, "mastigados" — se nos permite usar essa expressão —, também incentivam o jovem empreendedor, ampliando a coragem do *jump*.

Entender o que pode ocorrer é estar preparado!

Iniciamos a jornada em nosso livro com a provocação *"alguém do seu time irá sair e montar uma agência algum dia"* por alguns motivos, entre eles:

» Existem dores comuns a todas as agências;
» O modelo de negócio (hora/colaborador) não pode ser romantizado;
» O modelo de negócio (hora/colaborador) também não é um inferno na terra;
» Existem muitas situações em que você precisa estar antecipadamente preparado.

O que queremos dizer é que cada desafio na vida de um dono de agência, como em todos os negócios, precisa ser compreendido. Isso significa que cada desafio deve ser avaliado e debatido com outros pares do mercado, de forma que você consiga preparar o seu negócio para quando determinadas situações ocorrerem.

Nossa intenção com esta obra não é mitigar cada percalço que existirá na sua jornada, pois serão sistematicamente constantes e individuais.

O que propomos é discutir abertamente prós e contras, detalhes, motivações e necessidades diante da nossa experiência prática, para lembrar que você não está tão sozinho e nem tudo é tão complexo (ou fácil) como pode parecer.

A vida de dono de agência não é simples, mas pode ser a porta de entrada para novos negócios e também ser bem divertida. Com a compreensão correta do todo, você poderá potencializar o seu negócio e ampliar a qualidade do mercado.

Siga conosco nessa jornada pelo empreendedorismo de serviços de recorrência e/ou projetos avulsos, para descobrir, aprender, pensar ou repensar e para, acima de tudo, motivar você e o seu ecossistema.

CAPÍTULO 2

EMPREENDEDORISMO E MODELO DE NEGÓCIO

> "Para empreender, você precisará de duas coisas: propósito e estômago."
>
> **Jean Vidal**

Esta não é uma obra que visa explicar o fenômeno do empreendedorismo, ainda que muito do tema faça parte, sim, da vida de um dono de agência. Além disso, não defenderemos um modelo específico de negócio para atendimento de agências, visto que, ao longo dos anos, muitas formas foram testadas e novas ainda devem surgir.

Feitas essas considerações, neste capítulo debateremos pontos importantes do dia a dia da vida de agência, por exemplo:

- Quando começar o seu negócio?
- Quais os riscos de uma sociedade apenas técnica?
- O dono de agência deve estar ou não no operacional?
- Como se posicionar: agência *full service* ou de nicho?
- Qual deve ser a primeira contratação?
- Os desafios do *churn* e do mercado de recorrência.
- Como atuar: entrega mínima ou profunda?
- E, ainda, o desafio de sair do formato de eugência.

Neste capítulo, abordaremos as decisões estratégicas e os princípios que serão a base fundamental de seu negócio. Vamos lá?

Novo negócio: vale começar com uma agência?

Se você está lendo este livro, com certeza já se perguntou ou mesmo foi questionado se vale a pena empreender no modelo de agências. A Karine também passou por essa situação e compartilha conosco a sua visão:

> "Certa vez, em junho de 2019, durante uma conversa com acadêmicos de Produção Multimídia onde eu apresentava a história de sucesso da Adove, minha agência na época, uma aluna me questionou: dá para ficar rica sendo dona de agência?
>
> Confesso que, na hora, eu ri, porque me passou pela mente todo o filme da trajetória árdua que é manter um negócio saudável antes de 'enriquecer'. Mas a resposta foi simples, e serviu para me lembrar do porquê escolhi empreender nesse segmento.

A ela, eu disse: 'Se esse for seu objetivo e você trabalhar para atingi-lo, provavelmente sim. Mas empreender nem sempre será sobre dinheiro. No meu caso, acredito que, ao fazer meu trabalho bem feito, através do marketing, poderei ajudar outras empresas a atingirem suas metas e a crescerem. Estarei construindo uma cadeia de prosperidade. Uma empresa com bons resultados comerciais não demite; uma empresa com ótimos resultados remunera melhor. Logo, haverá famílias mais tranquilas, felizes e prósperas.

Não quero romantizar o empreendedor de marketing com essa história, mas sim ressaltar que, se o único objetivo ao empreender for 'ficar rico', pode ser mais fácil buscar uma vaga concursada ou um bom emprego CLT."

Com o surgimento de mentorias, publicações e estudos de caso, perguntas como *"vale começar com uma agência?"* ou *"vale ser empreendedor nesse modelo de negócio?"*

têm ganhado cada vez mais espaço no mundo dos negócios.

Talvez você já tenha ouvido falar ou mesmo já leu o livro *Comece pelo porquê: como grandes líderes inspiram pessoas e equipes a agir*, de Simon Sinek (se ainda não conhece, pegue essa dica). Com base no livro, vamos usar o princípio do questionamento principal: *"por qual motivo?"*. Ou melhor dizendo:

"Qual o seu propósito ao iniciar uma agência?"

Qual a primeira coisa que vem à sua cabeça ao ouvir essa pergunta?

» Independência financeira?
» Liberdade de tempo?
» Deixar um legado?
» Desenvolver uma "fama"?

Se você já é dono de agência, mas se sente perdido com essa escolha, pode ser que venha de um ou outro cenário: ou você, no passado, respondeu "sim" a algum dos itens acima e hoje sente que está vivenciando exatamente o contrário, ou você ainda não sabe o que responder. Nesse caso, será que ainda vale aquela máxima de *"não sabendo para onde queria ir, qualquer caminho serve?"*

Agora, se você ainda não é dono de uma agência, antecipe-se a essas perguntas e reflita bem antes de respondê-las. Afinal de contas, saber o seu propósito, mesmo que pareça bem clichê, tem uma importância imensa. E é isso o que descobriremos agora.

Para quem serve um propósito?

Muito se fala sobre propósito e o quanto um propósito claro, acessível e forte irá motivar outras pessoas (sejam colaboradores ou clientes) a fazerem parte do seu negócio. Mas a definição de um propósito é importante principalmente para uma pessoa:

Você! O dono da agência!

Se pegarmos um caminho mais clichê, podemos trazer aqui a questão de que um dia, invariavelmente, todos morreremos. Podemos até não gostar de pensar sobre isso, mas todos sabemos que é uma verdade. Por isso, cada dia conta.

Então, se você investe seu tempo e o seu dinheiro em algo sem saber o real motivo disso, você arrisca *"gastar seu tempo de vida"* (mesmo que isso te ensine muito) e o seu potencial em algo que não vai te trazer um retorno verdadeiro (seja financeiro ou emocional).

Por essa razão, afirmamos: o propósito é seu! Afinal, ao se tornar o dono de uma agência, você transmite a sua cultura ao negócio, e isso passa, invariavelmente, pelo seu propósito.

Por outro lado, entenda:

- » Ter propósito significa que os dias serão mais leves? Não!
- » Ter propósito significa que as coisas vão se encaixar? Não!
- » Ter propósito significa que cada cliente ou colaborador seguirá esse mote? Não!
- » Ter propósito significa que terei mais forças? Não!

Para que raios, então, devo me preocupar em ter um negócio com propósito?

Os benefícios de se ter um propósito claro

Ter um propósito bem definido sobre seu negócio pode trazer, sim, uma série de benefícios diretos. E aqui, elencamos os que consideramos ser os principais (com base na nossa própria experiência):

» Auxiliar na tomada de **decisões de maior impacto**.
» Transformar, intercalar e **traduzir o propósito em cultura** na agência.
» Criar um **senso de caminho** até o propósito ou ampliação dele.
» Nos **proteger contra inevitáveis comparações** com outros profissionais ou empresas.

Para exemplificar melhor a importância de ter um propósito definido para guiar nossas decisões, podemos citar o livro *Inteligência Financeira*, de Morgan Housel. Nele, o autor explica que dicas sobre onde investir são superperigosas, pois, primeiro, você precisa entender qual jogo financeiro quer seguir e quem está dando a dica. Ou seja, antes de investir, é preciso entender qual o seu propósito com isso.

Então, relacionando com os benefícios listados acima, digamos, por exemplo, que: se meu propósito é ganhar dinheiro todos os dias como *day trade* (modalidade de negociação utilizada em mercados financeiros, que tem por objetivo a obtenção de lucro com a oscilação de preço, ao longo do dia, a curto prazo), devemos considerar o seguinte:

DECISÃO MAIOR
Ao seguir essa carreira, preciso operar todos os dias durante o pregão aberto.

CULTURA
Preciso estar de olho nas notícias para saber o que está oscilando ou não.

SENSO DE CAMINHO
Posso estar começando (qual caminho para seguir a carreira) ou já estar nela (qual caminho para melhorar minha técnica.)

PROTEÇÃO CONTRA A COMPARAÇÃO
Não vou comparar o meu retorno com quem deixou uma ação parada durante anos (10 ou mais) e depois retirou os lucros.

É por isso que ter um propósito é tão importante: é com base nele que você saberá aonde quer chegar, de que forma você poderá fazer isso, como irá se organizar e até com quem irá se comparar.

Definir seu propósito é como definir uma persona?

Em algum momento, você encontrou ou irá encontrar um cliente que dirá: *"não sei para que persona devo vender meus serviços"* ou mesmo *"eu vendo para todo mundo!"*.

A *persona* é um personagem semifictício que ilustra o cliente ideal, sendo baseada no que já aprendemos com as atuais vendas. A construção é, inclusive, um processo vivo, que não pode ser realizado apenas uma vez, mas revisto constantemente.

Mapear uma persona é uma tarefa corriqueira em muitas agências de marketing digital. É algo trabalhoso, mas nem sempre extremamente complexo.

Para defini-la, você precisa *"dizer vários 'nãos' para outras possibilidades de negócio"*, por "n" motivos que surgem com base em experiências, mercado, entre outras questões. É o famoso *"ao escolher algo, você estará renunciando outras coisas"*.

E, assim como uma *persona*, seu propósito não é definitivo. Ele é uma fotografia do seu agora, e tudo bem se você perceber que é preciso mudá-lo amanhã.

Comece pelo que você mais gosta, de como se sentiria com tudo fluindo bem. Mas siga sempre com um olhar investigativo e amplie sua visão de tempos em tempos. Exatamente como fazemos quando desenvolvemos uma *persona*.

O que não é comentado sobre o propósito de uma agência

Na busca por entender nosso propósito, fizemos algumas descobertas — que não são verdades universais, mas nos ajudaram a tomar algumas decisões e achamos importante compartilhar com você.

1. **O cliente está pagando para você aprender enquanto trabalha para ele**

Adotamos o pensamento de que, ao sermos contratados por um cliente para executar um serviço, estamos sendo pagos também para aprender, ampliar uma tática ou estratégia.

Isso quer dizer que, mesmo com anos de experiência, toda vez que você vai a campo realizar determinada tarefa, você aprende algo. Cada vez é única. E o mais interessante é que você está recebendo (como agência ou como colaborador) para seguir aprendendo enquanto realiza tal tarefa.

O cliente não tem tempo ou organização para vencer aquela demanda, sanar aquela dor, por isso ele contratou seus serviços. Mas, no final, você não foi contratado só para executar algo, você foi contratado também para aprender mais através da realização do proposto, do *job*.

Isso é motivador. Estamos recebendo para crescer ou seguir sendo os melhores. Melhores através da prática real. Um item, então, muito ligado ao propósito de todas as agências.

2. O paradoxo "hora/colaborador"

O paradoxo "hora/colaborador" ficou evidente para Jean Vidal, quando...

> *"Em 2019, minha agência vinha em uma escalada de sucesso muito grande. Estávamos em uma reunião com vários integrantes do time, buscando organizar os processos, e um de nossos colaboradores do time ligado ao sucesso do cliente aproveitou o momento para expor de um modo bem pessoal uma angústia que ele tinha.*
>
> *A fala dele me marcou para sempre. Ele disse: "Quero fazer mais para esse cliente, no entanto, eu não posso, mas eu devo. O que eu faço?"*
>
> *Ele não podia ultrapassar as horas dedicadas por ele para aquele cliente, pois o cliente não havia pago por isso, e existia um escopo que precisava ser respeitado. E caso assumisse na íntegra o uso do horário, assumiria então o risco de não recuperar o cliente e ainda de deixar outro cliente de lado.*
>
> *Nascia ali o paradoxo hora/colaborador, sempre lembrado e questionado, e que virou mantra da nossa cultura.*
>
> *E como um grande fã da trilogia De Volta para o Futuro, gosto sempre de acrescentar a explicação sobre paradoxo oferecida pelo personagem Marty McFly do ator Michael J. Fox, que questiona o Doutor Brown: 'Paradoxo é uma daquelas coisas que podem destruir o Universo?'*
>
> *Aqui, tomo a liberdade de responder ao personagem: 'Sim, Marty, ainda mais o paradoxo das agências!'"*

Muitas vezes, você lembrará o seu cliente ou seu time de que tudo passa pelo paradoxo "hora/colaborador". E esse ponto poderá ser a parte mais complexa da operação.

Veja só: você está executando um job, com escopo contratado, limite de horas e pessoas envolvidas. Ao mesmo tempo, você gostaria de ir além, entregar algo melhor do que foi contratado para levar esse cliente ao seu *AHA! moment* e retê-lo.

Porém, como fazer a mais se há o desafio da lucratividade da operação? É aí que vem o controle "hora/colaborador".

No final, não existe certo ou errado. Você, seus líderes e sua equipe precisam deliberar e chegar a uma decisão caso a caso. Veja só:

- Alguém do seu time está de atestado médico. Será preciso olhar para "hora/colaborador" da semana;
- Você precisa reter um cliente. Será preciso olhar para "hora/colaborador" do projeto;
- Você tem um cliente que está fazendo solicitações a mais do que foi combinado. Você precisará, mais uma vez, olhar para "hora/colaborador".

Isso significa que, diante de quase todas as situações, você precisará controlar essa equação.

Mas o ponto principal não é a equação em si, que já é complexa por ser variável. O ponto principal é que são pessoas, profissionais que têm diferenças de produtividade, problemas pessoais e até mesmo dificuldade em relacionamentos com X/Y/Z.

É preciso entender que esse é o cerne do jogo, e que você precisará desenvolver uma cultura que equilibre o cenário. E para isso, mais uma vez, não existe certo ou erro, ou uma fórmula.

Afinal, cada agência é única, composta de pessoas diferentes, com formações diferentes, de culturas diferentes. Por isso, será preciso que você encontre a sua forma de operar.

3. **Propósito é o caminho, não o fim.**

Para fechar, é importante lembrar que o formato atual de negócio (agência) não é um fim, um meio único. Algumas empresas de sucesso nos lembram muito bem disso:

Basecamp

A empresa do software de gestão de projetos começou como uma agência, uma produtora de design, que precisou criar um ambiente para gerir os projetos.

Em determinado momento, os clientes começaram a dar *churn* no serviço, mas imploraram para seguir usando aquele sistema de gestão de projeto. Neste caso, a "agência Basecamp" foi um meio para chegar até esse produto (software) para o mercado.

Reportei

Conforme conta o CMO da empresa, Renan Caixeiro, o SaaS de relatórios nasceu por uma necessidade de enviar relatórios mais completos e de forma mais rápida para os clientes de sua própria agência. Neste caso, tanto a agência quanto a ferramenta SaaS continuam operando separadamente e se complementando.

Consideramos os três pontos acima como um ponto de partida para que você consiga entender e definir qual seu propósito ao empreender como uma agência. Entenda que esta será uma definição sua e que precisará ser feita com clareza para guiar o seu projeto daqui em diante.

Sociedade em agência por questões técnicas: cuidado!

No livro *O Mito do Empreendedor*, de Michael E. Gerber, existem muitas provocações e aprendizados compartilhados que todo dono de agência (ou outro tipo de negócio) precisa conhecer.

Uma dessas provocações está relacionada à criação de uma sociedade por questões técnicas. Aqui, chamamos sua atenção, pois **esse é um fator de morte precoce de muitas agências**.

Veja só este exemplo:

Digamos que você seja um web designer extremamente competente, reconhecido por executar muito bem e em detalhes seus projetos. Você também tem um colega de trabalho mestre em programação.

Um profissional "fora da curva", que aceita qualquer desafio e tem prazer em trabalhar em projetos complexos.

Agora, imagine vocês dois trabalhando juntos: profissionais sêniores, com técnica, rapidez e, acima de tudo, muita sinergia e vontade de crescer. Essa parceria não poderia resultar numa agência de criação de sites dos sonhos?

Bom, não é isso que diz *O Mito do Empreendedor*! De acordo com Gerber, com base em diversas pesquisas com empresas de sucesso, foi comprovado que uma unidade societária com profissionais técnicos é ótima para o produto final, mas não para o negócio em si.

Os três perfis que toda empresa precisa ter

Não é raro encontrarmos sociedades criadas por parceiros com talentos e afinidades técnicas. Porém, em uma empresa de sucesso, não podemos ter apenas os perfis técnicos.

Na prática, existem três perfis que fazem a diferença. São eles:

» Empreendedor;
» Técnico;
» Administrador.

O perfil empreendedor é o sonhador. A pessoa que tem as ideias mais mirabolantes. E, aqui, não são apenas pensamentos ou visão de futuro. Este perfil é, em certo nível, dominador, aquele que toma a frente, busca caminhos, vende o sonho grande (sabe onde quer chegar) e motiva todos em função desse propósito.

O segundo perfil, o técnico, é aquele que, ao receber uma atividade, a executa de forma incrível. É exatamente o perfil do exemplo citado anteriormente: os colegas de design e programação. Cada um domina a sua área de atuação, dão aula sobre o assunto, controlam os processos e garantem velocidade e qualidade juntos.

E o terceiro perfil, que particularmente chamamos de "murrinha", é o controlador de gastos, o administrador, aquele que entende de taxas, de investimentos, de banco, de legislação, que domina o trato com contabilidade, RH, sindicatos, associações.

O perfil administrador é o que entende do negócio, da parte de gestão, mas não do produto. É esse perfil quem controla a validação do modelo de negócio, o fluxo de caixa e a saúde matemática da empresa.

Os três, juntos, cada um com sua autonomia, respeito e limite entre as partes, equilibram o jogo. Afirmamos isso, porque:

» Um empreendedor pode levar uma empresa à falência com ideias mirabolantes, com alto custo de implementação ou fora do tempo correto;
» Um técnico pode levar uma empresa à falência com excesso de qualidade de um produto, descontrole diante entrega *versus* valor contratado;
» E um administrador pode levar uma empresa à falência com falta de cuidado na gestão financeira do negócio (e aqui é o que mais acontece, infelizmente).

Por isso, segundo *O Mito do Empreendedor*, um bom investidor consegue identificar rapidamente se em um negócio existem esses três perfis antes de avançar para a decisão de alocar tempo e dinheiro na empresa em questão.

É obrigatório ter três sócios? Não, mas...

Sabemos que "quem faz tudo, não faz nada direito", porém nem sempre é possível encontrar os três perfis em uma sociedade.

No caso de agências, principalmente, é ainda mais fácil encontrar empreendedores com perfil técnico. Contudo, para haver o crescimento do negócio, é imprescindível que essa parte técnica seja um dia compartilhada e delegada para outro profissional.

Normalmente é aqui que ocorre o famoso *vesting* (oferecer a um colaborador o direito de adquirir participação societária na empresa) para aquele talento técnico que segura a operação e mantém a qualidade da entrega final.

Por isso, em um pequeno negócio é possível ter somente dois sócios, de modo que um seja o "empreendedor" além do "técnico" para alguns assuntos.

Talvez você esteja se questionando: *E no caso de ser um único dono de agência? Como funcionaria?*

Uma empresa pode, sim, operar com apenas um dono, mas encontrar uma pessoa que tenha os três perfis é pouco provável. Normalmente, nesses casos, dois dos perfis são mais fortes, mas dificilmente os três estão presentes na mesma medida. Quando a triplicidade não existe, é provável que essa ausência seja um fator que impeça o crescimento do negócio.

Mas, se esse for o seu caso, não se desespere. Você pode buscar uma mentoria ou uma consultoria específica na área em que tem menos afinidade.

> *"Na Adove (que surgiu em 2008), por exemplo, sempre entendemos que éramos excelentes técnicas, mas não gestoras. Desenvolver esse lado foi o nosso foco nos primeiros anos de agência. Brinco que sou 'PhD em Sebrae' porque fizemos todos os cursos deles e investimos em consultorias específicas — negócios, financeiro, vendas — que nos ajudaram a montar a base do que temos hoje"*, conta Karine.

Por outro lado, encontrar uma sociedade com apenas dois membros é algo bastante comum em agências que acabaram de começar. E é mais comum do que se imagina eles serem um casal.

Casal como sócios em uma agência: um tema profundo!

Não é raro encontrar casais (sejam eles oficialmente casados ou não) que se tornam sócios em agências. Geralmente, nesses casos, um deles acaba tendo o perfil e responsabilidade do "administrador", mesmo que essa pessoa não seja necessariamente um administrador por formação.

O que acontece muitas vezes é que uma das partes fica responsável pela parte administrativa, já que o fator confiança é imprescindível. E é isso que nos conta Jean Vidal:

> "Assim como aconteceu com o Igor, minha agência também nasceu no meu quarto, e a primeira pessoa a entrar no negócio foi a minha esposa, Juliana Noronha, que de largada assumiu, na época, toda a parte de social media (apoio técnico importante ali no começo) e o administrativo.
>
> Só que a cada cliente que entrava, era o administrativo que exigia mais o tempo dela, e cada atividade e os prazos financeiros eram 'inegociáveis' para o negócio. Não tive dúvidas, ofertei a sociedade e ela foi migrando para 'apenas' o administrativo.
>
> Nunca tive paciência para banco, para notas fiscais, para todos os trâmites com contabilidade, para acompanhar em detalhes cada mudança na lei (incontáveis ao longo dos anos), enfim, para a parte burocrática.
>
> Aqui, além de toda confiança na Ju, a separação de funções foi vital para ficar comigo o lado técnico (que passaria adiante depois) e o lado empreendedor (as ideias malucas) do negócio recém-nascido.
>
> Com o passar do tempo, com a maturidade da operação, outro fator ficou evidente para todos: a Ju dizia 'não' para as ansiedades do meu lado empreendedor. Eu tinha então que aprovar as ideias. E não era uma avaliação sobre a ideia em si ser boa ou não, mas o impacto direto no caixa.
>
> Essa regra, acordo ou aliança (escolha a palavra que fizer mais sentido para você) em nossa sociedade foi essencial para, dez anos depois, termos saúde financeira (dentre outros fatores) a ponto de sermos adquiridos por mais de dois milhões pelo Grupo Duo&Co.
>
> Os ensinamentos do O Mito do Empreendedor estavam mais uma vez certos."

Entenda que não estamos defendendo aqui algo como certo ou errado. Empreender em casal é um tema profundo, que envolve várias nuances.

Observe que citamos muitas vezes o termo "agências pequenas" ou "negócio começando" e acabamos correndo o risco de generalizar, criar um quadro singelo de que um casal opera junto somente pela confiança, e não pela técnica e qualidade.

Se assim interpretar, pedimos desculpas. Fazemos essa observação por existirem dois pontos-chave, os quais são diretamente relacionados a empreender como um casal:

» (1) Uma empresa, quando cresce significativamente, algumas vezes muda o seu quadro societário. Sabe o famoso *"quem nos trouxe até aqui não será quem nos levará até lá"*?

Vale principalmente para quem empreende sozinho e precisará de mais apoio. Se você está sozinho na sua empresa, será que ela não cresceu o suficiente ou será que você não está evoluindo?

» (2) No crescimento da operação, todos os três perfis precisam crescer com os desafios do negócio. Ironicamente, são os donos os maiores dificultadores de crescimento de uma empresa. Sempre. E crescer juntos é chave! Por isso, muitos empreendedores participam de mentorias, clubes, programas de coaching etc.

Se o empreendedor não cresce, para de se arriscar, de criar parcerias, de achar formatos, quem estagna é a empresa.

Então, nem sempre uma sociedade em casal é o melhor caminho, e nem sempre é o caminho errado. Evite tratar esse assunto como algo simples, direto, binário. Essa é uma questão particular diante da operação e o momento de cada empreendimento.

Entenda que as pessoas mudam (também na sociedade), que crescer passa por estar preparado (os sócios) para tal. E que existem, sim, nos maiores negócios, esses três perfis bem definidos, operando junto: o empreendedor, o técnico e o administrador.

Desafios do dono: construir e escalar

Construir e escalar uma agência é um desafio que exige adaptação e constante planejamento estratégico.

Logo no início, são a criatividade e as habilidades técnicas que impulsionam o crescimento de uma agência. Mas, chega um momento em que esses dois pilares não se sustentam sozinhos. Por isso, cabe ao dono da agência entender e se preparar para as próximas fases e desafios.

Existem quatro fases fundamentais que uma agência precisa atravessar para alcançar o sucesso financeiro e operacional. Cada fase apresenta seus próprios desafios e objetivos, e compreender essas etapas, principalmente na qual você se encontra hoje, é crucial para navegar pelo crescimento de forma eficiente e sustentável.

CRISES DO CRESCIMENTO

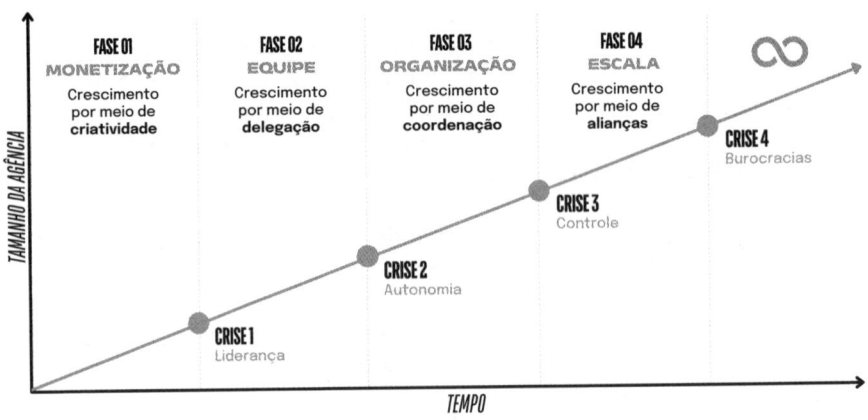

Inspirado na Curva de Greiner

Fase 1: Monetização

A primeira fase de uma agência é a de monetização, na qual o foco principal é vender, receber pagamentos e entregar os serviços ou produtos.

O objetivo primordial desta fase é **gerar receita e fazer caixa**. É o momento de monetizar suas habilidades e estabelecer um fluxo de caixa consistente. Porém, existem alguns desafios pelo caminho:

1. **Realizar as primeiras vendas:**

Nesta fase, o maior desafio é fechar as primeiras vendas e, em seguida, torná-las mais frequentes e recorrentes.

2. **Taxas de crescimento aceleradas:**

Quando uma agência é menor, as taxas de crescimento tendem a ser mais altas e aceleradas, mas, à medida que a empresa cresce, essas taxas desaceleram.

3. **Sobrecarga operacional:**

Você, dono da agência, começa a ficar sobrecarregado com tarefas operacionais, exigindo a contratação, delegação e aprendizado sobre gestão.

4. **Fluxo de caixa imprevisível:**

Nesta fase inicial, o fluxo de caixa pode ser imprevisível, tornando-se mais estável à medida que a agência cresce.

Fase 2: Equipe

Na segunda fase, costumamos brincar que é onde "o bicho vai pegar". Afinal de contas, aqui precisamos **contratar, treinar e delegar**. Três atividades extremamente desafiadoras na vida de um dono de agência.

Por isso, nesta fase, o nosso maior objetivo é **aprender sobre gestão**, em todos os níveis: gestão de tempo, de equipe, de processos, financeira e comercial.

Esses aprendizados ajudarão você a entender o seu novo momento e a lidar com os principais desafios:

1. **Contratação:**

O processo de contratação passa a ser mais elaborado, exigindo entrevistas, processos burocráticos e organização.

2. **Escalar as vendas:**

À medida que a equipe cresce, é necessário escalar as vendas para cobrir os custos adicionais de pessoal.

3. **Impacto financeiro de decisões:**

Pequenas decisões podem ter um grande impacto no fluxo de caixa, exigindo uma compreensão mais profunda da gestão financeira.

4. **Aprender a delegar:**

Delegar é uma atividade que "chega a doer", e sabe por quê? É que ninguém faz igual a você. Podem fazer pior, ou melhor. Mas igual não há ninguém no mundo.

Por isso, aqui é preciso "desapegar" de determinadas tarefas e colocar o seu foco em treinar e confiar em outras pessoas para que você possa se dedicar à gestão de seu negócio com mais tranquilidade.

Em treinamentos de gestão, é comum ouvirmos uma analogia que ilustra a complexidade do processo ao "desapegar" e "confiar", que conta assim:

> "Imagine que você seja pai ou mãe de uma criança, e estão todos na praia. Você então resolve delegar os cuidados do seu filho pequeno para a babá.
>
> Em determinado momento, o pequeno entrou na água sem considerar os riscos de se afogar, e foi seguindo mais e mais rumo ao fundo do mar.
>
> Só que a babá se distraiu e não viu a situação.
>
> Você viu. O que faria?
>
> Você delegou, está confiando na babá para os cuidados. Só que uma situação de risco está ocorrendo nesse momento e você jamais deixaria uma tragédia acontecer."

Quando você se aprofunda no desenvolvimento da gestão, entende que delegar é um processo de construção do "desapegar" e do "confiar", mesmo quando atingido determinado nível, com algum acompanhamento. Ou seja, você nunca poderá **"delargar"**.

Delargar ("larga" para alguém, contrário de delegar) é repassar a responsabilidade para a execução de uma tarefa a alguém que não possui experiência ou conhecimento suficiente. É não combinar nenhum processo de acompanhamento conjunto e ainda construir a expectativa de uma boa entrega final.

Fase 3: Organização

Na terceira fase, de organização, o foco se volta para a definição e implementação de processos, rotinas e metas. O objetivo é estabelecer os principais processos em todas as áreas do negócio, garantindo uma operação eficiente e escalável.

Um conselho: não importa se você começou sua agência ontem ou há mais tempo, é fundamental ter processos (e registrá-los) para todas as áreas do seu negócio.

Geralmente, nesta fase acontece o chamado "crescimento desordenado", que é quando sua agência cresce em número de contas atendidas e atividades, mas os custos aumentam (novas contratações, ferramentas), assim como as exigências dos clientes.

Aqui é preciso, mais uma vez, ter atenção ao fluxo de caixa, que por ser maior, exige também mais controle financeiro. Mas como sobreviver a essa fase?

Aqui a resposta é "simples": com **processos** bem definidos e uma **cultura** organizacional presente no dia a dia da empresa. Dessa forma, você conseguirá gerir seu negócio, pautado na segurança dos processos e na confiança dos seus colaboradores (incluídos nessa cultura).

Fase 4: Escala

A quarta e última fase é a de escala, etapa à qual o dono de agência almeja chegar. Aqui, o foco se volta para aumentar a margem de lucro, escalar a área comercial e manter todas as áreas alinhadas com a cultura e visão do negócio.

Para isso, é preciso também enfrentar alguns desafios:

1. **Operação parcialmente autônoma:**

O negócio deve conseguir operar parcialmente de forma autônoma, com lideranças fortes em cada área. *Quanto tempo você consegue ficar longe do negócio e ele ainda crescer?*

2. **Alinhamento cultural:**

É crucial manter todos os membros da equipe alinhados à cultura e visão da agência. E com o crescimento do time, você precisará encontrar formas de disseminar essa cultura, afinal, muitos do time não terão contato direto com os donos da agência.

3. **Fluxo de caixa profissional:**

Com o crescimento, o fluxo de caixa se torna mais complexo e delicado, exigindo uma gestão financeira aprimorada, rápida e profissional.

Construir uma agência é um processo desafiador, mas compreender e navegar pelas quatro fases principais pode ajudar a garantir um crescimento sustentável e lucrativo.

Lembre-se de que cada fase apresenta seus próprios objetivos e desafios, e estar preparado para enfrentá-los é fundamental para o sucesso a longo prazo.

Esteja atento às crises que surgem durante a transição entre as fases e esteja disposto a adaptar sua abordagem de gestão conforme necessário. Com planejamento estratégico, liderança sólida e uma cultura organizacional forte, você pode construir uma agência lucrativa e duradoura.

4. **[Extra] O que você sabe sobre EBITDA?**

EBITDA é a sigla em inglês para *Earnings Before Interest, Taxes, Depreciation, and Amortization*, ou Lucros Antes de Juros, Impostos, Depreciação e Amortização.

Esta é uma métrica financeira que indica a capacidade operacional de uma empresa gerar caixa. O cálculo permite que empresários entendam como está a saúde financeira da empresa, comparem seu desempenho com o da concorrência, avaliem as oportunidades de crescimento e, principalmente, tomem decisões estratégicas baseadas em dados.

> A fórmula para calcular o EBITDA é:
>
> **EBITDA = Lucro Operacional + Depreciação + Amortização**
>
> Para calcular o lucro operacional, use a fórmula:
>
> **Lucro Operacional = Receita Total − Custos Operacionais**

Agências maiores e também as mais maduras têm utilizado o EBITDA para avaliar seus negócios e dar os próximos passos. Mas defendemos que, independentemente do tamanho ou tempo de mercado, todo dono de agência deve utilizar esse indicador para medir os resultados de seu negócio.

Ao entender o EBITDA, você estará melhor preparado para tomar decisões estratégicas que impulsionarão o crescimento e a rentabilidade da sua agência de marketing. Inclusive para preparar o seu negócio para uma possível venda, como veremos no Capítulo 9.

Em qual fase sua agência está?

Agora que você conhece as principais fases de uma agência, deve estar refletindo em qual delas o seu negócio se encontra. Para ajudar você a responder essa dúvida, listamos aqui algumas perguntas que podem te direcionar:

EM QUAL FASE SUA AGÊNCIA ESTÁ?

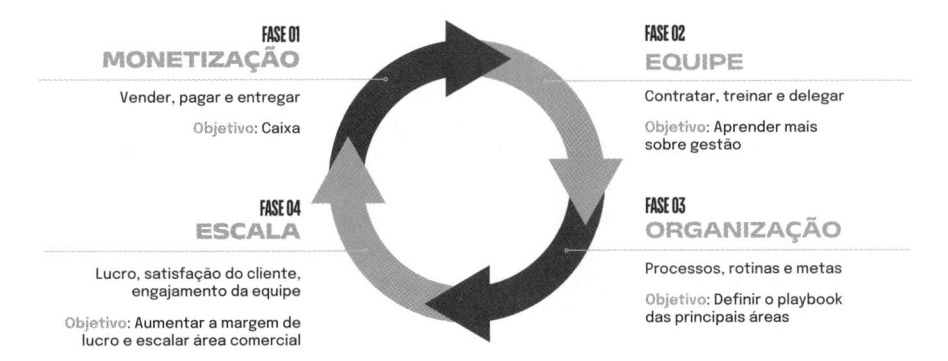

FASE 01 — MONETIZAÇÃO
Vender, pagar e entregar
Objetivo: Caixa

FASE 02 — EQUIPE
Contratar, treinar e delegar
Objetivo: Aprender mais sobre gestão

FASE 04 — ESCALA
Lucro, satisfação do cliente, engajamento da equipe
Objetivo: Aumentar a margem de lucro e escalar área comercial

FASE 03 — ORGANIZAÇÃO
Processos, rotinas e metas
Objetivo: Definir o playbook das principais áreas

Acreditamos que, ao refletir sobre esses questionamentos, você encontrará a resposta que procura e saberá o que fazer de agora em diante.

Agência full, agência especialista ou agência de função? Como definir ou por onde começar?

Definir claramente o posicionamento da agência no mercado pode ser o diferencial que a destacará da concorrência e atrairá os clientes ideais. Afinal, o mercado de prestação de serviço é bastante concorrido, um "mar vermelho", com entrada de novos competidores a cada dia.

Mas qual caminho seguir? Quando definir o modelo ideal para a minha agência?

Nesta etapa, apresentamos os diferentes tipos de posicionamento para agências e te ajudamos a entender qual modelo de negócio que mais se encaixa com o seu perfil e seu propósito.

Os principais tipos de agência de marketing digital

1. Agências full service (360°)

As agências full service, também conhecidas como agências 360°, são aquelas que oferecem uma ampla gama de serviços de marketing, cobrindo todas as áreas e canais, tanto online quanto offline.

Esse tipo de agência geralmente oferece estratégias de marketing digital e tradicional, desenvolvimento de sites, SEO, assessoria de imprensa, publicidade em rádio e TV, branding, produção de vídeo, design e muito mais.

Mas deixamos aqui um alerta: tenha cuidado ao se posicionar como uma agência full service, especialmente se você é uma agência de pequeno porte.

No caso de agências menores ou mesmo eugências, se posicionar como full service pode até abrir algumas portas ou aumentar o lucro momentaneamente. Porém é preciso avaliar uma série de questões, como o volume de trabalho, a recorrência, e se determinadas demandas fazem sentido para o seu negócio.

2. Agências especialistas

As agências especialistas são aquelas que se concentram em um serviço ou área específica de marketing digital. Exemplos incluem:

- Branding;
- Conteúdo;
- Gestão de redes sociais;
- Inbound marketing;
- Publicidade paga;
- SEO (Search Engine Optimization);
- Desenvolvimento de sites e landing pages, entre outras.

Ser uma agência especialista pode ser uma excelente estratégia, especialmente para agências menores. Ao se concentrar em um nicho específico, você pode se tornar *expert* na área, oferecendo serviços de alta qualidade e se destacando da concorrência.

Além disso, uma agência especializada tem a oportunidade de estabelecer parcerias estratégicas com outras agências que dominam áreas complementares, possibilitando a prestação de serviços integrados. Por exemplo, uma agência focada em social media pode se aliar a uma agência especializada em publicidade paga, ampliando o alcance e a eficácia das campanhas

3. Agências de nicho

As agências de nicho são aquelas que se especializam em atender um setor ou nicho de mercado específico.

Em vez de oferecer serviços genéricos de marketing digital, elas se concentram em entender profundamente as necessidades e desafios de um determinado nicho, como médico, jurídico, imobiliário, para restaurantes, academias, lojas de varejo, entre outros.

Esse posicionamento pode ser uma ótima opção para agências menores ao permitir que você se torne um especialista em um nicho específico, oferecendo soluções personalizadas e altamente relevantes para seus clientes. Além disso, pode ser mais fácil se destacar e conquistar a confiança dos clientes quando você demonstra profundo conhecimento em seu setor.

4. Agências de consultoria

As agências de consultoria se concentram em oferecer serviços de mentoria estratégica em marketing digital. Elas realizam diagnósticos, identificam necessidades e oportunidades, e recomendam soluções e ações de melhoria para os clientes.

A consultoria pode ser uma excelente opção para agências que desejam se posicionar como especialistas estratégicos, oferecendo *insights* valiosos e orientação para os clientes.

No entanto, é importante definir claramente o escopo e a duração dos projetos de consultoria, evitando se tornar um "funcionário" do cliente em um relacionamento recorrente sem fim definido.

Outro ponto de atenção em consultoria ocorre quando o cliente não consegue executar o indicado, o que pode levá-lo a exigir de você ou reclamar dessa situação. Por isso, entender bem a expectativa e a capacidade do cliente é ainda mais essencial.

Independentemente do posicionamento ou modelo de negócio escolhido, é fundamental que você seja o seu próprio case de sucesso. Pratique o que prega e demonstre excelência nos serviços que você oferece.

Se você se posiciona como uma agência de gestão de redes sociais, por exemplo, suas próprias redes sociais devem ser impecáveis e servir como referência de boas práticas. Se você é uma agência de publicidade paga, certifique-se de ter campanhas de anúncios em execução, mesmo que em pequena escala, para mostrar sua *expertise*.

Ser um case de sucesso não apenas aumenta sua credibilidade e confiança junto aos clientes, mas também ajuda a atrair novos negócios e a se destacar da concorrência.

O que queremos dizer é que, no caso de agências, independentemente do formato (mas ainda mais como consultoria), *casa de ferreiro não pode ter espeto pau*. O correto nesse caso é *"casa de ferreiro, espada ninja na vitrine!"*.

Como escolher o modelo de negócio ideal?

O modelo de negócios é a forma com que sua agência gera e entrega valor para os clientes. São as etapas que compõem a forma com que a sua agência faz o que faz e atinge o lucro. É a sua estrutura organizacional.

Pode não ser tão simples e fácil definir o modelo ideal e o posicionamento da sua agência, mas é crucial. Para isso, vale considerar o modelo de negócio que melhor se alinha com seus objetivos e recursos.

Por experiência, temos quatro dicas para ajudar você a escolher o modelo que mais se encaixa com o seu negócio:

1. **Comece com campanhas de nicho**

Se você ainda não tem certeza sobre qual nicho ou área de especialização seguir, uma boa estratégia é começar com campanhas de nicho.

Crie landing pages, propostas e produtos específicos para atender a um determinado nicho, como o mercado médico, jurídico ou imobiliário. Isso lhe permitirá testar oceanos e avaliar o potencial de cada nicho antes de se comprometer completamente.

Além disso, o teste, ainda que "público" (afinal, utilizará anúncios pagos), não precisa estar declarado nas redes sociais ou no site da sua agência. Ou seja, você não precisa declarar (ainda) que está se voltando para um nicho ou que é especialista, você fez apenas uma campanha.

2. **Considere os recursos disponíveis**

Ao escolher seu modelo de negócio, considere os recursos disponíveis, como tamanho da equipe, orçamento e a sua experiência. Uma agência full service pode ser mais adequada para agências maiores e mais estabelecidas, enquanto agências menores podem se beneficiar mais de um foco em um nicho ou serviço específico.

3. **Avalie o potencial de escala**

Alguns modelos de negócio, como agências de nicho ou especialistas, podem oferecer um caminho mais claro para a escalabilidade. Ao se concentrar em um nicho ou serviço específico, você pode se tornar um expert reconhecido e atrair mais clientes dentro desse segmento.

O contrapeso dessa avaliação é o tamanho do mercado. *Até que ponto o mercado será impactante para alcançar sucesso? Quantas empresas ou profissionais compõem o público-alvo que você está buscando? São cinco mil ou 5 milhões?*

Nesse ponto, o Jean Vidal tem uma história para compartilhar:

"Era 2023, ano anterior à aquisição da Conexorama pelo Grupo Duo&Co, estávamos conquistando outro patamar (educacional), e na busca por escala optei por verticalizar para uma agência focada em SaaS (software como um serviço). O motivo era claro: olhando para a base de clientes, mais de 90% eram SaaS e, comparando com outros perfis de clientes, conseguimos reter mais e vender com mais facilidade. Além disso, não existiam outros conteúdos nacionais focados em SaaS.

Posicionamos então nossa marca, já referência em Inbound Marketing e uso do RD Station (categoria de 'agência especialista'), para o nicho de SaaS.

Naquele momento, o problema não estava evidente para a gente, seja por falta de experiência ou erro de planejamento (responsabilidade minha como CEO). O ponto era: colocamos a nossa operação em um mercado de 'bola de gude', ou seja, um mercado muito pequeno.

Na época, existiam aproximadamente cinco mil empresas SaaS no nosso país, já considerando uma certa abertura para softwares (não assinatura) e marketplace (conexão entre soluções).

No entanto, muitas dessas empresas já eram especialistas em inbound marketing, e nem todo SaaS (ainda que fizesse total sentido para o modelo de negócio de softwares) estava em busca da nossa metodologia. Logo, foi como se tivéssemos feito duas vezes o movimento de nichar. Éramos inbound (e mantivemos esse foco) e nicho para SaaS. Focamos um número muito pequeno, digamos que a soma das duas situações levou o mercado-alvo para menos de quinhentas empresas, sendo que várias já haviam passado pela nossa própria agência.

Reduzimos em excesso o mercado e pagamos o preço pelo equívoco, tendo uma grande desaceleração. Esse é o risco. Por isso, avaliar o potencial do mercado com bastante cuidado é essencial."

4. Como saber o tamanho de um mercado

Uma forma simples e gratuita de saber qual o tamanho de um mercado é consultar dados públicos divulgados no site do Governo Federal sobre registros de empresas.

No Mapa de Empresas (gov.br/empresas-e-negocios), você encontra um painel de dados completos, com informações detalhadas sobre a abertura, fechamento e atividades de empresas no Brasil.

A página oferece dados estatísticos sobre empresas ativas, setores econômicos e comparativos regionais. O painel permite visualizações interativas e filtros para análises específicas, fornecendo uma visão abrangente do ambiente empresarial brasileiro.

Além disso, você deve buscar mais informações em sites como Google Trends (trends.google.com.br), pesquisar por palavras-chave na Semrush ou outras ferramentas.

5. Defina claramente o escopo dos projetos

É essencial definir claramente o escopo e a duração dos projetos, principalmente se você optar por oferecer serviços de consultoria. Evite também se envolver em relacionamentos recorrentes indefinidos, que podem dificultar o crescimento e a escalabilidade do seu negócio.

Business Model Canvas

O Business Model Canvas é uma ferramenta de planejamento estratégico que permite desenvolver e esboçar modelos de negócios novos ou existentes.

Quem contratar primeiro para sua agência?

Montar e gerenciar equipes eficazes é essencial para o sucesso de qualquer agência. E o primeiro passo para isso é entender quais funções e responsabilidades são necessárias para atingir os objetivos do seu negócio.

Em geral, os perfis profissionais mais comuns em agências são:

- Gestores de tráfego pago;
- Redatores (Copywriters);
- Designers;
- Gerentes de sucesso do cliente;
- Gerentes de projetos.

Mas antes de sair por aí abrindo vagas e contratando pessoal, você deverá **identificar primeiro os perfis de profissionais essenciais** para o sucesso da agência.

Por exemplo, para uma agência focada em campanhas de publicidade paga, ter um gestor de tráfego pago e um analista de dados é crucial para monitorar e ajustar as campanhas de anúncios. Então, será que, neste primeiro momento, essa agência precisa de um gestor de projetos?

Outro passo importante é definir claramente as funções e responsabilidades de cada membro da equipe para garantir eficiência e responsabilidade.

Então, utilizando o exemplo anterior, de uma agência focada em publicidade paga, a definição das funções e responsabilidades de um gestor de tráfego pago poderia ser: *responsável por criar, gerenciar e otimizar campanhas de anúncios pagos, além de monitorar o desempenho e ajustar as estratégias conforme necessário.*

É claro que, à medida que o número de clientes aumenta, é necessário também ter um time adequado para realizar as entregas, mantendo a qualidade dos serviços. Justamente por isso, é preciso ter uma noção clara da equipe e dos processos necessários para atender à demanda crescente.

Outro fator extremamente importante está relacionado às vendas. Para ter sucesso em vendas, é necessário ter uma estrutura escalável e pessoas dedicadas ao comercial. Muitas vezes, o dono da agência é o principal vendedor, mas é importante considerar a contratação de um vendedor exclusivo para impulsionar o crescimento (falaremos mais sobre isso nos Capítulos 3 e 7).

Então, para saber quando e quem contratar primeiro, questione-se:

» *De quais perfis a agência precisa atualmente?*
» *Quais são as responsabilidades principais de cada membro da sua equipe?*

Um ponto que merece atenção é que, quando uma pequena empresa começa a contratar, geralmente essa contratação começa pela parte operacional e, por questões de custos, são contratados colaboradores juniores.

Na prática, não há nada de errado nisso. Porém, é preciso lembrar que **o crescimento de uma agência é proporcional ao conhecimento de sua equipe.**

O que queremos dizer é que pode valer a pena investir em pelo menos uma contratação sênior. Isso terá um custo maior, porém terá um profissional capaz de assumir determinadas tarefas e resolver problemas que dois ou três juniores talvez não consigam.

Fazer esse investimento no início de uma agência pode parecer arriscado em um primeiro momento, mas com um bom planejamento e gestão, é algo possível e altamente recomendável.

Organograma: visão geral da sua agência

Quando a agência ainda é muito pequena, é comum que os sócios acabem *fazendo um pouco de tudo* e acumulando várias funções operacionais do dia a dia.

Mas à medida que os primeiros funcionários começam a ser contratados, já vale a pena mapear as principais funções em um organograma inicial.

O organograma é uma representação gráfica da estrutura organizacional de uma empresa ou negócio. Ele mostra os cargos e funções existentes e como eles se relacionam entre si, ou seja, quem se reporta e responde a quem.

É como se você estivesse vendo a sua agência de cima, com uma visão geral de todas as áreas e responsabilidades. Isso permite ter uma noção melhor da disposição hierárquica dos times e também facilita o entendimento sobre decisões e processos organizacionais.

Ter um organograma bem definido traz muitos benefícios, entre eles:

- Entender como está a divisão de tarefas atualmente;
- Identificar gargalos e excesso de responsabilidades em algumas pessoas/áreas;
- Planejar novas contratações de forma estratégica;
- Facilitar a gestão de equipes e de desempenho;
- Dar visibilidade para possíveis planos de carreira.

Veja este modelo:

ORGANOGRAMA DA AGÊNCIA

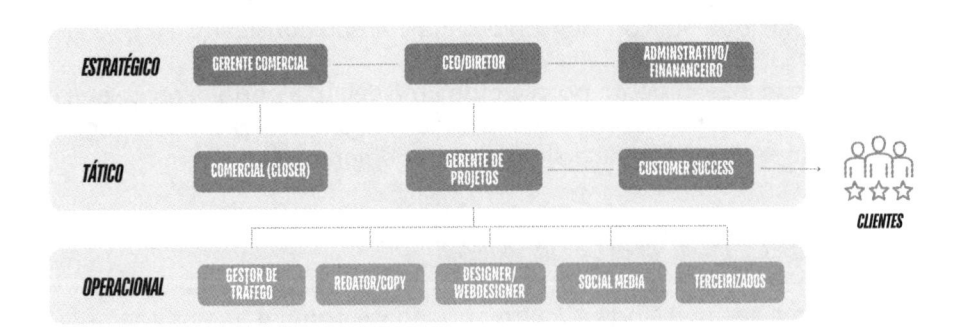

ESTRATÉGICO	GERENTE COMERCIAL — CEO/DIRETOR — ADMINISTRATIVO/FINANCEIRO
TÁTICO	COMERCIAL (CLOSER) — GERENTE DE PROJETOS — CUSTOMER SUCCESS → CLIENTES
OPERACIONAL	GESTOR DE TRÁFEGO, REDATOR/COPY, DESIGNER/WEBDESIGNER, SOCIAL MEDIA, TERCEIRIZADOS

Churn & mercado de recorrência: os impactos na vida de agência

O termo *churn rate* é uma métrica utilizada para mostrar o número de clientes que cancelam o serviço/assinatura em um determinado período, comparativamente com o total da base de clientes ativos, ou seja, a **taxa de rotatividade.**

Logo, o *churn está relacionado à dificuldade da e*scala de faturamento em um modelo de negócio de recorrência. É uma **métrica-chave**, que se relaciona com a organização do seu modelo de negócio e com o crescimento exponencial da agência.

De forma prática, a métrica do churn ajuda você a pensar e definir questões como: *"Vou trabalhar com ofertas avulsas ou assinaturas recorrentes? Qual a proporcionalidade entre elas? Como controlar o ritmo de vendas em comparação ao churn?"*

Devo ter produtos / ofertas avulsas ou recorrência?

Esta é uma pergunta complexa, e não há uma resposta exata. Entenda que a venda avulsa, daquele projeto que tem começo, meio e fim, em um curto período de execução, é uma entrada importante para o caixa da sua agência, e muitas vezes, uma abertura de primeiro trabalho com seu *prospect*.

Já a venda recorrente, com um período mínimo de contrato, permite que exista previsibilidade de caixa, além de que, com a execução recorrente das atividades do projeto, podemos facilmente comprovar sucesso para nosso cliente.

Para ficar bem claro, ilustraremos com um serviço comum em agências, o desenvolvimento de um site. Esse produto pode ser avulso e/ou recorrente:

1. **Avulso** = criamos o seu site em "x" dias, com base em "y" etapas, por "tal" valor único (ainda que possa ser parcelado em "w" vezes).

2. **Recorrente** = criamos o seu site em "x" dias, fazemos a manutenção do site e/ou a melhoria contínua em até "x" horas, pela mensalidade de "tal" valor.

Observe que um mesmo produto, no exemplo, a criação de um site, pode ser avulso, recorrente ou os dois. Logo, é uma decisão sua, como gestor da agência, qual modalidade ofertar para favorecer o crescimento do seu negócio.

"Ok, mas qual é o correto?"

Essa é uma decisão particular. Contudo, por experiência profissional e também observando outras agências, nos parece mais correto oferecer as duas modalidades aos clientes.

Na prática, o mundo ideal seria: 80% recorrência e 20% avulso.

O que acontece é que a venda avulsa é a abertura de um cliente, uma entrada "não prevista" no caixa, e faz sentido não deixar esse dinheiro, esse faturamento, de fora. **Mas é através da recorrência que a agência escala.**

Tanto é que as agências que hoje atingem um faturamento de milhões, passam de cem colaboradores, têm por padrão um alto volume de projetos em recorrência.

Logo, você deve ter os dois, sim, mas ter em maior quantidade a recorrência é o mais indicado. E quando chegar a esse patamar, o desafio será evitar o *churn*, ou melhor, ter um ritmo de vendas maior que o cancelamento dos atuais clientes.

Ritmo de entrada (vendas) acima do churn

Invariavelmente, o *churn* fará parte da sua vida de agência. Justamente por isso, é vital existir um processo de vendas que permita que o cancelamento das assinaturas seja menor que a aquisição de novos assinantes.

E isso é chave, não apenas para o crescimento do negócio, do faturamento, mas também por três fatores interligados às dores de crescimento de agências.

Seguir crescendo para reter talentos

Quando você aumenta a base de clientes, você tem a oportunidade de reter talentos. Os colaboradores anseiam por novos e maiores desafios. Precisamos então ter clientes diferentes ou maiores, novas organizações de atividades, novos cargos e funções. A entrada de clientes é, para o seu negócio, como a entrada de ar nos pulmões. Essa entrada gera sentimentos de oportunidades (ainda que sempre exista o anseio de *"será que vamos dar conta?"*).

Além disso, com a entrada de novos clientes, podemos ampliar benefícios para todos, gerar metas e compartilhamento de comissões, premiações, celebrações etc.

Seguir crescendo para ter times maiores

Quando você tem um time menor e uma pessoa sai da sua equipe, o sentimento *"meu Deus, e agora, quem poderá fazer 'x'..."* é acentuado pela ausência de colegas setoriais que dividam as atividades temporariamente até que seja finalizado o processo de seleção para aquela vaga.

Então, aumentar o número de clientes, além de auxiliar na retenção de talentos, possibilita que você tenha mais pessoas na sua equipe, ajudando a reduzir o estresse de todos com a saída de pessoas no meio de um projeto.

Para ilustrar, digamos que temos duas pessoas na função de atendimento, cada qual hipoteticamente com dez clientes. Uma pediu desligamento, a segunda teoricamente não aguentaria assumir o dobro de clientes.

Agora, se temos dez pessoas no atendimento e uma ou até duas pessoas pedem desligamento, a divisão ficará muito mais suave, sendo um ou dois clientes extras para os demais colegas.

Isso sem falar que, tendo dez pessoas em uma mesma função, é bem provável que exista a necessidade de um líder, gestor ou líder técnico, que também ameniza a situação até o preenchimento da vaga aberta.

Cuidar para não crescer acelerado demais e desandar o atendimento

Agora, ainda que crescer seja muito importante para o seu negócio, não podemos esquecer que existe o outro lado da moeda: crescer aceleradamente, mas sem uma forma equiparável de seleção e/ou construção de equipe, pode gerar um grande desespero.

Defendemos que o equilíbrio é sempre a chave do sucesso. Lembrando que equilíbrio não é empatar o jogo, problema conhecido como "platô". Neste caso, o equilíbrio que defendemos é "puxar a corda" para crescer, mas não esticar em demasia. Em resumo, entre o 08 e o 80, ficaríamos no 60.

Precisamos lembrar também que a quantidade de clientes recorrentes saindo pode, sim, ser a mesma de entrada de novos clientes. Mas aqui, um ponto importante: o ideal é que esses novos clientes entrem com um ticket maior. Logo, revisar a precificação, melhorar a oferta e o produto final também é algo a ser feito.

O seu real lucro está no LTV

Ainda que possamos considerar que um projeto avulso seja indicado para aumentar a receita de sua agência, o real sucesso para a lucratividade está no LTV, sigla em inglês para *lifetime value*. LTV é uma métrica de vendas que calcula o **lucro total gerado por um cliente enquanto ele continua comprando seus produtos e/ou serviços**.

Voltando ao caso da criação do site, simulamos alguns valores desse projeto. Considere:

» **[Avulso]** Criação do site: valor cobrado = R$20 mil reais. Lucratividade = 60%. Lucro final = R$12 mil reais.

» **[Recorrência]** Criação, manutenção e evolução do site: valor cobrado = R$1.000/mês. Lucratividade = 30%. LTV = 5 anos ou 60 meses. Lucro final (até o momento) = R$18 mil reais.

Ou seja, como existe uma "cauda longa" nesse relacionamento longo com o cliente, em determinado momento, o lucro real da recorrência ultrapassa o lucro real da venda avulsa.

Mesmo que em alguns casos o LTV precise ser longo, é justamente este o desafio da recorrência: estabelecer uma relação duradoura com o cliente, com base na qualidade, resultado, confiança e relacionamento. E são justamente essas contas de relação duradoura que, a longo prazo, trazem maior lucratividade.

"Ah, mas nem todo cliente ficará conosco para atingir esse ponto".

Sim, é verdade. Por isso, entendemos que existem dois importantes momentos em uma oferta de recorrência: o "onboarding" e o "ongoing".

Onboarding (começo do atendimento)

É o período de maior sensibilidade, afinal de contas, o cliente está ansioso pelos primeiros resultados, ao mesmo tempo em que está se acostumando à nova rotina do trabalho. Além disso, é nesse período que o seu time dedica mais tempo a esse cliente (aprendizado, entendimento, estabelecimento de rotinas). Lembrando que um onboarding bem executado é essencial para a retenção da assinatura.

Ongoing (passado o onboarding)

Ainda que muitas atividades do ongoing não precisem esperar o onboarding ser finalizado, é nessa etapa que a "poeira assenta", a ansiedade diminui e podemos focar a rotina do atendimento, a escalada daquilo que foi proposto.

Precisamos entender também que, para manter e escalar nosso LTV, precisamos dar atenção a esses dois momentos essenciais (onboarding e ongoing) para nos organizarmos e também para começar a luta para evitar o *churn*.

Essa luta será diária, constante e muito importante para o crescimento do negócio. Porém ela precisará ter um limite.

Trabalhar para evitar o churn, mas colocar um limite

Dizem por aí que "todo cancelamento começa assim que a assinatura do contrato é feita". Não concordamos 100% com essa afirmação, mas a consideramos uma boa provocação.

Afinal, esta é uma luta complexa, não linear, não binária, e faz parte do dia a dia da vida de agência.

Todos precisamos trabalhar para encontrar formas de evitar o *churn*, ainda que saibamos que, em algum momento, o cancelamento acontecerá.

Um cliente irá embora por vários motivos: problemas financeiros, mudança de time interno, de foco, de produto, de resultados ou mesmo por ter o desejo de testar um novo parceiro.

Por isso, encontrar formas de ir além do atendimento formal, reduzir a burocracia, encantar e estreitar o relacionamento é essencial para evitar que o churn se torne um problema crônico da sua agência.

Mas aqui fica um alerta: existe risco. E como tudo na vida, equilíbrio é a chave, afinal:

» Se você extrapolar o seu atendimento, poderá exceder as horas do projeto;
» Você pode até decidir ir além (por vários motivos), mas não pode tornar rotina ultrapassar a quantidade de esforço realizado em relação ao contratado;
» Quando você dá muita atenção para determinado cliente, os demais ficam "descobertos", podendo colocar em risco toda a operação;
» Você pode habituar o cliente que está tentando reter a um atendimento acima do contratado, excedendo o combinado.

O jogo, então, é deliberativo, não fixo, e precisa ser bem compreendido pela gestão da agência. Afinal, podemos, sim, por uma questão estratégica, diminuir a atenção para determinado cliente e ampliar para outro de tempos em tempos. É algo polêmico, mas faz parte da rotina de assinatura de um serviço.

O ponto principal é você entender que precisará fazer tudo de modo pensado, declarado, e fazer desse processo algo pontual, para nenhuma situação se torne permanente (atender demais ou atender de menos).

Como é um acompanhamento complexo, indicamos dois pontos:

1. Tenha uma equipe, formada preferencialmente pela liderança, que guie o time de atendimento no equilíbrio desse jogo. Normalmente, os cargos que encabeçam essas situações são o CCO (Chief Customer Officer) ou COO (Chief Operating Officer), alguém no comando, encarregado de supervisionar as operações diárias da empresa.

2. A equação é impactada por vendas e por *churn*. Ou seja, se estou vendendo pouco, preciso dar mais atenção à retenção, ou se estou vendendo muito, preciso dar atenção à entrada de novos clientes, acarretando invariavelmente a diminuição da atenção do todo.

Por isso, crescer e formar equipes que poderão dar atenção, seja de implementação para novos clientes ou cargos de sucesso do cliente e desenvolvimento de liderança, são chaves no crescimento de todo negócio.

Entrega mínima x entrega profunda

É comum ouvirmos que uma agência não escala o número de clientes como uma empresa de SaaS (*Software as a Service*). Esta não é uma afirmação errada, mas é possível que uma agência tenha mil, dois mil clientes, ainda que seja um número pouco comum e que assusta quem está hoje no campo de batalha.

Então, como isso é possível?

O primeiro motivo passa diretamente por uma decisão estratégica da agência, em que ela deverá deliberar sobre o tipo de entrega que deseja fazer aos clientes: se uma entrega mínima ou entrega profunda.

QUANTIDADE CLIENTES (eixo Y)

200 CLIENTES
Escopo fechado
Entrega mínima
($) Ticket menor

8 CLIENTES
Escopo aberto
Entrega profunda
($$$) Ticket maior

PROFUNDIDADE ENTREGA (eixo X)

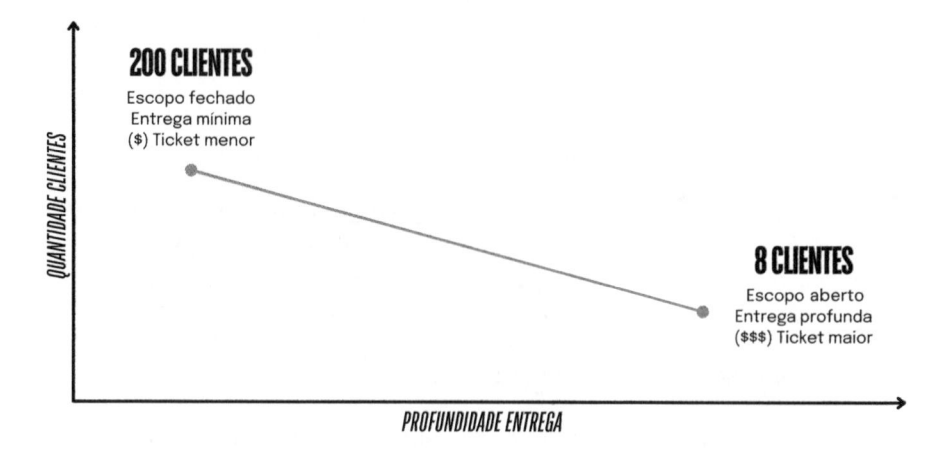

Entrega mínima

Em uma entrega mínima, a agência estipula em contrato um escopo fechado, com poucas atividades. Isso significa que, sendo uma entrega de baixa complexidade, ela é previsível e com lucro menor por cliente. Por exemplo:

> O cliente x tem em contrato a entrega mensal de dois posts semanais no Instagram e uma landing page anual.

Esse formato de entregas permite que você tenha mais clientes em sua cartela, gerando lucro exatamente por um alto volume de clientes.

Entrega profunda

Já em uma entrega profunda, o escopo é aberto, ou o mais próximo disso. Neste caso, você pode ter menos clientes em sua cartela, mas com entregas maiores, até certo ponto imprevisíveis e mirando um lucro maior. Por exemplo:

No mês de junho, o cliente solicita uma campanha promocional nas redes sociais, com vídeos para anúncios e reels, peças estáticas para ads. Já no mês de agosto, o escopo terá a produção de um e-book, uma landing page e uma nova estratégia para redes sociais.

É importante ressaltar que não existe um modelo certo ou um modelo errado no caso das entregas. Como já citamos, essa é uma decisão da agência e deve ser estrategicamente pensada, pois impactará o tamanho da equipe necessária, o modelo de vendas e, é claro, a lucratividade.

Há, inclusive, a possibilidade da agência oferecer os dois tipos de entrega. Em alguns casos, a agência começa com uma entrega mínima e, à medida que o relacionamento com o cliente é estreitado, começa também a trabalhar com entregas profundas.

Mais uma vez, esta é uma decisão estratégica, na qual devem-se considerar os desafios de ambos os cenários, por exemplo, o tamanho da equipe, os serviços oferecidos e, é claro, a lucratividade em cada uma dessas entregas.

Ainda está em dúvidas? Então, que tal refletir sobre estas questões:

» Como está a saúde financeira da sua empresa?
» A sua equipe consegue atender mais clientes do que atende hoje?

Sair do formato de eugência

Geralmente, um dono de agência deixa de ser eugência por dois motivos:

1. O sonho de ser maior;
2. Cansar de ser o atendimento.

Ambos os motivos são extremamente válidos e grandes impulsionadores para que esses empreendedores abracem o desafio de ser uma agência maior.

Mas, antes de tomar essa decisão, é necessário considerar alguns desafios e se questionar se você está pronto para enfrentá-los. O maior desafio está relacionado à questão financeira. E o motivo é bem simples.

Quando se é uma eugência, a lucratividade do dono é bem maior. Afinal de contas, suas despesas são basicamente com ferramentas, infraestrutura e, vez ou outra, com o pagamento de um freelancer. Podemos até mesmo considerar que há maior previsibilidade do lucro.

Ao se tornar uma agência, a tendência é que, de início, essa margem de lucro diminua consideravelmente, pois as despesas também ficam maiores: há a necessidade de contratação de novos colaboradores, melhorias na infraestrutura, aquisição de novos equipamentos, entre outros.

Mas, calma, não desanime!

Não é errado "sonhar". O errado é ignorar ou desconhecer o momento que segue após o vencimento do formato de eugência, que é a dor de crescimento.

Dor de crescimento ou "vale da morte das agências"

O título pode até parecer assustador, mas você já ouviu falar que "algumas pessoas crescem na dor"? Bom, isso também acontece com as empresas, ainda mais com as agências.

Ao se formar uma agência, é fundamental contratar novos colaboradores. Mas nem sempre o ritmo dessas novas contratações acompanha o ritmo de entrada de novos clientes. E se formos pensar que uma folha de pagamento pode chegar a 70%, 80% dos custos de uma agência, o que era para ser lucro pode se tornar prejuízo.

Infelizmente, é comum vermos algumas agências, principalmente no início, trabalhando no vermelho. Mas não podemos romantizar isso, é algo extremamente arriscado. E você deve estar se perguntando: *O que fazer se isso acontecer?* Ou melhor: *O que fazer ao andar pelo "Vale da morte das agências"?*

DOR DO CRESCIMENTO

- Entrada de capital
- Saída de capital

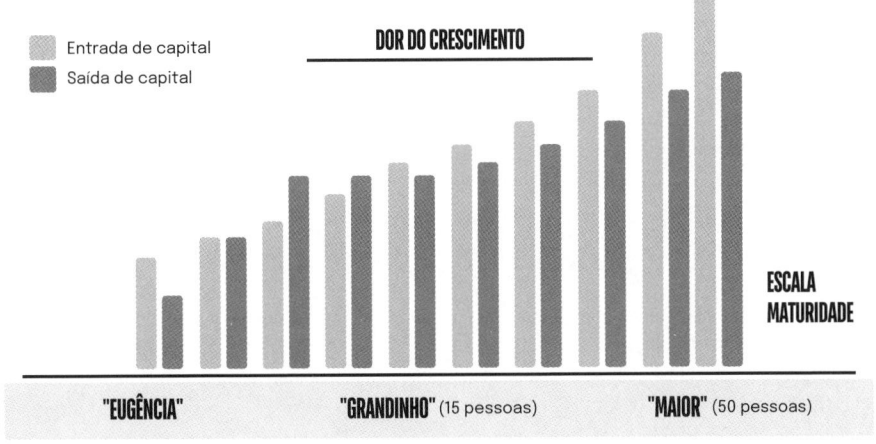

"EUGÊNCIA" — "GRANDINHO" (15 pessoas) — "MAIOR" (50 pessoas)

ESCALA MATURIDADE

Você deixa de ser "eugência" pelo sonho maior e/ou por cansar de ser o atendimento.

Se você leu com atenção os capítulos anteriores, talvez já saiba a resposta. Mas vamos sempre reforçar: **o segredo do sucesso está na organização**!

Você deve sempre analisar e considerar formas de organizar os processos, finanças e vendas da sua agência. Assim, poderá otimizar entregas sem necessariamente ter que sobrecarregar o time e contratar novas pessoas, mantendo a qualidade das entregas.

Além disso, ao organizar suas finanças, você poderá rever a forma de precificação e a abordagem do seu time de vendas, buscando ao máximo encontrar uma fórmula lucrativa para sua empresa.

Medir o sucesso de uma agência pelo número de colaboradores é um erro comum. O que você deve fazer é sempre buscar uma organização de processos e vendas que atenda os clientes com qualidade, sem a obrigatoriedade de grandes equipes.

Se você conseguir passar pelo processo de organização com sucesso, é hora de receber os parabéns! Sim, você sobreviveu ao "Vale da morte das agências" e ganhou maturidade para escalar o seu negócio.

CAPÍTULO 3

ESCALA DE CLIENTES & PROCESSO COMERCIAL

> "A exceção pode matar o seu negócio. Dizer não é defender algo importante: seu posicionamento."
>
> **Karine Sabino**

Escalar uma agência de marketing é como construir um castelo de cartas: cada peça precisa estar no lugar certo para que a estrutura se mantenha. O crescimento rápido pode parecer tentador, mas, sem a base sólida, o castelo pode ruir.

E um dos maiores desafios para construir essa base sólida está em equilibrar o processo de vendas enquanto lutamos para crescer, mantendo a qualidade da entrega, a satisfação da equipe e, é claro, do cliente.

Neste capítulo, entenda a importância do processo comercial e os desafios de escalar clientes de maneira sustentável. Tudo isso, mantendo sempre em mente que, em uma agência, vender não é apenas questão de fechar negócios, mas de garantir que cada venda contribua para a saúde e o crescimento da empresa a longo prazo.

Vendas: importância e desafios

Para toda agência, vender é um problema. Essa afirmação pode até mesmo parecer louca ou descontextualizada, mas ela faz muito sentido para quem é dono de agência.

Acontece que, se a agência vender demais, será um problema. Se a agência vender pouco, também será um problema.

Você não pode vender pouco ou parar de vender, pois *churns* fazem parte da agência. Por outro lado, ao vender muito, além da alocação de time, outras situações podem trazer ainda mais problemas para o dia a dia da empresa, como atrair personas negativas, não cuidar do LTV, desestruturar o time, entre outros.

E ficar no meio desse jogo é algo que poucas agências conseguem. Na vida de agência, a questão das vendas é sempre um cabo de guerra: ora vende muito, ora vende pouco. Mas, é claro que, entre esses dois "problemas", vender mais é sempre melhor. Por isso, é preciso manter a atenção em todos os processos.

Ao compreender isso, você precisa ter em mente que:

» O ritmo de entrada de clientes deve ser maior que o de saída;
» Sua agência precisa crescer para reter talentos e/ou ser atraente para profissionais de níveis superiores;
» O lucro está no LTV, então trabalhe para evitar o *churn*, mas entenda o momento certo de desistir de determinados clientes;
» Cuide da reputação de sua agência com entregas de qualidade;
» Tenha um bom processo comercial;
» Saiba como controlar as situações quando estiver vendendo muito e quando estiver vendendo pouco;
» Tenha um pé no acelerador e, quando precisar, um pé no freio.

Ao final, que fique claro para você, leitor, que estamos falando de equilíbrio (ainda que, na prática, nunca exista por completo). Em determinados momentos, haverá crescimento de vendas e, em outros, baixa de fechamentos. Logo, o termo "equilíbrio" reflete processos, pessoas, posicionamento e reputação.

A busca deve ser, sim, por crescimento de vendas, sempre. Mas, nos momentos em que fechar muitos negócios, precisará voltar sua atenção para garantir a qualidade de entrega. Caso contrário, os cancelamentos podem também subir, gerando um efeito de "balde furado", que tem consequências altas internamente (com o time) e externamente (perante o mercado).

Por isso, vendas são também um problema no modelo de negócio "hora/colaborador" – como também são os três próximos:

Preço como diferencial

Conversando com donos de agência com pouca experiência na gestão, ouvimos muito a frase "o preço é o meu diferencial".

Claro que vender é essencial, mas lembre-se: **para vender bem, é preciso que a sua proposta nunca seja a mais barata que o cliente recebeu.** Quando você se coloca como o mais barato, você está deixando dinheiro na mesa.

Quem vende muito barato e coloca o preço como diferencial, muito provavelmente não tem seus custos planilhados. Principalmente no caso de uma eugência é fundamental que você saiba precificar como se tivesse uma equipe maior.

Planeje seus custos, desde o começo, considerando suas despesas, margem de lucratividade, margem de negociação e margem de autoridade.

Ao ser o mais barato, você pode até vender mais, ter uma certa escala, mas não terá escalabilidade (no Capítulo 9, vamos nos aprofundar mais sobre as diferenças entre escala e escalabilidade).

Vender em escala significa aumentar as vendas de forma rápida e significativa, geralmente em um curto período.

Embora vender em escala possa trazer resultados positivos no curto prazo, nem sempre é sustentável a longo prazo. Isso porque o crescimento rápido pode levar a problemas como: dificuldade em atender à demanda, aumento de custos e problemas de qualidade.

Por outro lado, vender com escalabilidade significa crescer de forma sustentável a longo prazo. É quando a empresa consegue aumentar a lucratividade das vendas sem comprometer a qualidade da entrega ou o atendimento aos clientes.

Vender com escalabilidade exige mais tempo e planejamento do que vender em escala, mas é a melhor maneira de garantir o sucesso a longo prazo.

Contudo, em determinado momento poderá ocorrer uma queda do faturamento (devido a um período com alto *churn*) e, na busca da recuperação desse faturamento, para manutenção da estrutura, você poderá optar por ser, momentaneamente, uma opção barata em comparação aos concorrentes.

Usar o preço como diferencial pode ser importante para quem está começando ou para momentos de baixa, mas nunca deve ser uma estratégia fixa. Defendemos isso, pois, em curto espaço de tempo, a manutenção desses valores abaixo do mercado pode colocar a agência em um ciclo que limitaria o crescimento e prejudicaria o caixa da operação.

Para fechar este tópico, é importante citar que o preço tem correlação direta com a forma como você, o dono da agência, vê (e assim divulga para o mercado) a qualidade do seu produto.

Muitos dirão "meu cliente não tem condição de pagar X ou Y", mas a verdade é que existem, sim, níveis de clientes e provavelmente alguém está surfando uma nova onda, simplesmente por acreditar e divulgar um valor agregado. Você acredita na sua entrega?

Vender sem tempo mínimo de contrato

Outro grande equívoco de algumas agências é vender sem contrato mínimo e acreditar que, fazendo assim, você tem um diferencial. Na verdade, você está "matando" a sua agência.

Ao não ter um contrato de permanência mínima do cliente, multa ao sair antes do tempo-base estabelecido, a sua agência perde a previsibilidade de faturamento.

Existe também outro ponto totalmente correlacionado, que é o onboarding, item tão real, que você poderá, sim, usar como contra-argumento à objeção ao tempo mínimo de contrato.

Entenda que uma das etapas mais delicadas e trabalhosas de um cliente em uma agência é a etapa de onboarding, que representa os primeiros meses de atendimento, podendo variar de um até três meses (ou mais) de duração. Esse é o período em que o cliente mais consome hora/colaborador da equipe. Isso significa que, nesse primeiro período, é praticamente impossível um cliente dar lucro.

E se o cliente resolver sair no segundo mês de trabalho? Antes mesmo de finalizar o onboarding, como fica o seu prejuízo? Ou melhor, quem irá arcar com ele?

Por isso, ao estabelecer um tempo mínimo de contrato, você consegue diluir os custos ao longo desse período, até que o cliente gere um lucro real.

Faturamento de quebra de contrato

Ao estabelecer um contrato mínimo, é importante observar a cláusula de quebra de contrato. Ou seja, ao encerrar o contrato antes do tempo, a parte que optou por isso deve pagar uma multa.

Não é raro encontrarmos clientes que, mesmo com a assinatura do contrato, se negam a pagar a multa. Nesse caso, é hora de acionar a sua assessoria jurídica e abrir um processo judicial.

Você pode demorar a receber essa multa? Sim, não vamos mentir. Porém é possível fazer um acordo entre as partes ou você receberá o valor tempos depois.

Em determinado ano, a Conexorama, enquanto ainda exclusivamente agência, chegou a receber mais de R$ 70 mil apenas de restituições de multas de quebra de contrato. Ou seja, foi um valor que voltou para o caixa e teve um impacto positivo nas finanças da agência naquele momento. Veja o que nos conta Jean Vidal:

> *"Eu sempre defendi, em todas as palestras que já fiz para o público de agências, a importância do tempo mínimo de contrato. Seja por ver as grandes agências, quem escalou não abrindo mão, ou por receber muitas vezes contatos que estavam com um ou dois meses de contrato com outra agência e já estavam procurando o próximo parceiro. Contudo, foi somente quando tivemos o primeiro ano de desaceleração que sentimos na prática a real importância desse processo para o negócio.*
>
> *Na época, havíamos pegado um empréstimo que representava 80% da folha salarial de um mês de operação para reforçar o caixa e reordenar equipes. Um processo doloroso, por envolver a diminuição de cargos, mas importante para o negócio e a nossa história.*
>
> *Já com o dinheiro do empréstimo em nossas contas bancárias, passados alguns dias, recebemos o aviso da nossa assessoria jurídica sobre a decisão de cobrança judicial de dois processos ajuizados anos atrás.*

> *O mais interessante é que a soma dos valores dos dois processos que havíamos ganhado era praticamente idêntica ao valor do empréstimo.*
>
> *Para a gente, foi como uma mensagem dos céus de 'sigam em frente', mas, na prática, eram conquistas por fazermos negócios acordados de tal modo, e seguirmos fielmente o contrato. Um direito nosso."*

Tempo mínimo de contrato é tão importante, que uma dica-chave é que você **mantenha o contrato de tempo mínimo a cada renovação contratual**. Ou seja, não renove automaticamente um contrato ao fim do primeiro ciclo.

Ao estabelecer um novo período, você tem uma nova previsibilidade de caixa. Você pode debater abertamente com o cliente (combate o medo do *churn* indo a campo, discute sobre a qualidade do serviço prestado) e negociar os novos custos (seja manutenção corrigida por um indicador ou até uma nova fase do projeto).

Você verá que a taxa de renovação contratual é o KPI (do inglês, *key performance indicator*, ou seja, indicador-chave de desempenho) da sua agência, pois a renovação contratual com novo tempo estabelecido só ocorrerá diante de todo relacionamento e sucesso conquistados.

Dono de agência vendendo, cuidado!

Encontrar um dono de agência atuando no processo de vendas é algo absolutamente comum, principalmente no início do negócio. Mas tenha cuidado!

No começo do negócio, isso pode não ser errado. No entanto, se você busca escalabilidade no seu negócio, o conselho que damos é: não fique aí! E a explicação para isso é bem simples:

Com o dono da agência vendendo, o cliente consegue "arrancar" condições extras que não aconteceriam normalmente, até mesmo, com certa facilidade. É aqui que acontece o famoso "chorinho" do cliente.

É por isso que indicamos sempre que você tenha um vendedor, alguém à frente do processo e que consiga evitar esse tipo de situação sem constrangimento.

Mas se você não quer ou sente dificuldade de sair do processo de vendas, a orientação que damos é que você atue como um "pré-vendas".

Usamos essa expressão como uma provocação, não necessariamente com a função de quem valida o perfil e o momento em que começou uma cotação (função chave de pré-vendas). O que queremos aconselhar é que você utilize a sua imagem e sua rede de contatos para iniciar esse processo e influenciar os clientes ao fechamento.

Aproveite a sua fama e autoridade na área, mas evite estar nas etapas de negociação.

Talvez você esteja se questionando: *Como sair de vendas se não tem ninguém que sabe vender melhor do que eu? Quem entende melhor do serviço do que eu?*

Sim, você entende melhor do que ninguém o seu produto, mas alguém precisa "pilotar o navio". Exceto nos casos em que você é um dos sócios e é combinado entre as partes que você estará em vendas, pois existe outra parte responsável pela direção do negócio. Caso contrário, o tempo de vendas exigirá do dono da agência, cobrará o seu preço no negócio como um todo.

Não existe escalabilidade com o CEO da agência nessa operação. Se você ainda faz parte dessa realidade, comece delegando uma parte de vendas (abertura ou fechamento), para que logo possa ser gestor de um time comercial e, um belo dia, passar em definitivo o setor para a equipe responsável.

Lembre-se sempre: a grande diferença que o dono de uma agência faz em seu negócio não é na etapa de vendas, e sim no seu produto (definição), serviço (time) e metodologia (processos). Por isso, foque esse aspecto e o seu modo de fazer, que é o que diferencia o seu negócio da concorrência.

Já tenho uma agência. Como fazer um diagnóstico do meu cenário atual?

O objetivo principal de se fazer um diagnóstico da sua agência é entender o momento do seu negócio, como está o cenário onde ele está inserido. E a partir dessas informações, desenvolver um plano de crescimento.

Dividimos esse diagnóstico em três fases:

1. Organização da agência;
2. Avaliação dos serviços;
3. Avaliação dos clientes.

#Fase 1: Organização da agência

Nesta fase, você deve fazer um levantamento detalhado de todos os serviços oferecidos pela sua agência, bem como avaliar o nível de complexidade que sua equipe suporta em cada um deles. É importante anotar tudo, pois essas informações serão cruciais para o diagnóstico.

Listagem dos serviços

Comece listando todos os serviços que sua agência oferece atualmente, como gestão de redes sociais, tráfego pago, construção de landing pages, sites, captação de leads, entre outros.

Nível de complexidade

Em seguida, defina e entenda o nível de complexidade que você e sua equipe conseguem suportar em cada serviço listado. Por exemplo, no caso do tráfego pago, qual é o nível de conhecimento e de experiência da pessoa responsável por essa área? Ela é especialista ou iniciante?

Serviços lucrativos ou deficitários

Analise quais serviços estão gerando lucro ou prejuízo para a sua agência. É provável que alguns serviços não estejam trazendo o retorno financeiro esperado, seja porque foram adicionados para atender a um cliente específico ou por outros motivos.

Áreas ou segmentos principais

Identifique quais são as áreas ou segmentos em que sua agência tem mais clientes ou maior conhecimento. Por exemplo, você pode atender mais clientes do setor médico, de restaurantes ou de outro nicho específico.

IMPORTANTE: Sem essas respostas, é impossível otimizar ou escalar qualquer negócio.

#Fase 2: Avaliação dos serviços

Nesta fase, você fará uma avaliação detalhada de cada serviço oferecido pela sua agência, considerando fatores como: tempo gasto, pessoas envolvidas, clientes que utilizam o serviço e margem de lucro.

Tempo gasto por serviço

É importante entender quanto tempo você e sua equipe gastam para entregar cada serviço. Existem ferramentas de *timesheet* que podem ajudar nessa tarefa, registrando o tempo dedicado a cada atividade. Por exemplo, saber quanto tempo seu time leva para criar um planejamento de redes sociais.

Profissionais envolvidos em cada entrega

Identifique quantas pessoas são necessárias para a entrega de cada serviço. Por exemplo, para a gestão de redes sociais, você pode precisar de um designer, um copywriter, um *social media* ou uma única pessoa que faça tudo.

Clientes que utilizam cada serviço

Liste quais clientes utilizam cada um dos serviços oferecidos pela sua agência. Alguns clientes podem contratar apenas um serviço, enquanto outros podem ter pacotes com múltiplos serviços.

Valor cobrado e margem de lucro

Avalie o valor cobrado por serviço e calcule a margem de lucro correspondente. É natural que alguns serviços tenham margens maiores do que outros, dependendo dos custos envolvidos e da complexidade da entrega.

Trouxemos em um exemplo anterior a questão da gestão de redes sociais, mas se você comparar essa atividade com a de gestão de tráfego pago, perceberá que esta última, possivelmente, terá uma margem de lucro maior, pois não é preciso tantos profissionais nessa operação.

Serviço carro-chefe

Com base nas informações coletadas, identifique qual é o seu serviço carro-chefe, ou seja, aquele que oferece a maior margem de lucro e se alinha com o nível de complexidade adequado para você e sua equipe.

Serviços a serem oferecidos, terceirizados ou descontinuados

Decida quais serviços continuarão sendo oferecidos internamente, quais poderão ser terceirizados para parceiros e quais não fazem mais sentido para a sua agência, podendo ser descontinuados.

#Fase 3: Avaliação dos clientes

Nesta fase, você deverá fazer uma avaliação criteriosa de seus clientes, considerando fatores como alinhamento com os serviços oferecidos, faixas de preço, afinidade cultural e demanda de tempo.

Clientes com escopo alinhado aos serviços

Identifique quais clientes possuem um escopo de contrato alinhado com os serviços que você realmente oferece. É comum que, ao longo do tempo, alguns clientes solicitem serviços adicionais não previstos inicialmente, gerando desequilíbrio entre o que é entregue e o que é cobrado.

Faixas de preço mínima, média e máxima

Determine qual é a faixa de preço mínima, média e máxima que seus clientes pagam atualmente. É importante avaliar se há discrepâncias significativas entre clientes — clientes com entregas similares, mas que pagam valores muito diferentes.

Afinidade com a filosofia e cultura da agência

Avalie quais clientes têm afinidade com a filosofia e a cultura da sua agência. Por exemplo, se você trabalha exclusivamente de forma online, pode ser um desafio atender clientes que exijam visitas presenciais frequentes.

Você deve sempre se lembrar: "Minha empresa, minhas regras". E isso é importante porque, quando você começa a abrir exceções que vão contra a filosofia ou cultura da sua agência, isso pode afetar diretamente o seu caixa.

Agora, se essas exceções são realmente importantes, a nossa dica é colocar esses custos na ponta do lápis e incluí-los na precificação.

Clientes que demandam mais tempo

Identifique se existem clientes que extrapolam, otimizam ou ocupam demasiado tempo da sua agência. Alguns clientes podem demandar mais retrabalho, reuniões extras ou outras atividades não previstas, impactando negativamente a margem de lucro.

Clientes-chave e clientes a serem descontinuados

Chegamos a uma parte polêmica do nosso guia. É que, com base nessa avaliação, você poderá identificar quais são seus clientes-chave — aqueles que fazem sentido para a sua agência e têm um bom alinhamento cultural e financeiro.

Por outro lado, também ficará claro quais clientes não são mais adequados e precisarão ser descontinuados de forma estratégica.

Após essas três fases, você terá uma visão clara do cenário atual da sua agência, incluindo seus pontos fortes, fracos, oportunidades e ameaças.

Com essas informações em mãos, você estará preparado para traçar um plano de ação eficiente, com foco em vender os serviços certos, com as tarefas certas, para os clientes certos.

- **Lembrete 1:** não pense dez vezes para fazer uma coisa; pense uma vez para fazer dez coisas. Esse é o lema a ser seguido para alcançar o crescimento sustentável e lucrativo da sua agência.

- **Lembrete 2:** mantenha o foco em vender os serviços certos, com as tarefas certas, para os clientes certos.

CAPÍTULO 4

COMO COMEÇAR E ESTRUTURAR A SUA AGÊNCIA

> "O dono de agência precisa ter foco em sair do operacional, mas não da operação."
>
> **Karine Sabino**

Iniciar uma agência de marketing ou mesmo estruturar um negócio que já está dando os seus primeiros passos (e também resultados) demanda organização, estratégia e inovação.

E para construir uma empresa que se destaque no mercado, um planejamento estruturado e uma execução eficiente também não podem faltar.

Neste capítulo, apresentamos os três níveis de crescimento de uma agência e como seu negócio pode evoluir, junto ao seu amadurecimento profissional e de sua equipe através desses níveis.

Além disso, destacamos a importância de um processo de vendas estruturado e em harmonia com o time de marketing para a manutenção de uma empresa saudável e pronta para crescer ainda mais.

Os três níveis do crescimento de uma agência

A estrutura do crescimento de uma agência envolve três níveis principais: operacional, tático e estratégico. Cada nível desempenha um papel crucial no sucesso geral do negócio, e é essencial que os líderes evoluam através desses níveis à medida que a agência cresce.

1. Nível Operacional

O nível operacional é o ponto de partida de qualquer negócio, incluindo agências.

Nesta fase, o objetivo principal é executar ações específicas para gerar resultados tangíveis. É aqui que a equipe operacional, composta de designers, redatores, coordenadores de tráfego, gerentes de mídias sociais e outras funções semelhantes, entra em ação.

A equipe operacional é responsável por transformar os planos e metas em ações reais, executando o plano de ação desenvolvido pelo nível tático (nível acima). É quando o trabalho prático é realizado, algo essencial para o funcionamento diário da agência.

2. Nível Tático

No nível tático, o foco é desdobrar a visão estratégica em planos de ação concretos. Aqui, os objetivos são mais detalhados e setoriais, com um horizonte de médio prazo. Geralmente, este nível é ocupado por gerentes de projetos, líderes de equipe ou chefes de departamento.

O papel principal do nível tático é **traduzir a visão de longo prazo estabelecida no nível estratégico em planos de ação executáveis**. Eles atuam como uma ponte entre a alta liderança e a equipe operacional, garantindo que as metas sejam alcançadas de forma eficiente e organizada.

3. Nível Estratégico

Já o nível estratégico é o topo da hierarquia, ocupado pelos líderes de mais alto escalão, como diretores e CEO. Neste nível, **o objetivo é estabelecer a orientação e a visão estratégica de longo prazo para a agência**.

Os líderes estratégicos são responsáveis por definir a direção geral do negócio, antecipar tendências de mercado, identificar oportunidades e tomar decisões cruciais que impactam todo o negócio. Eles precisam ter uma visão ampla e holística, considerando fatores internos e externos que influenciem o sucesso da agência.

A analogia da construção

Uma analogia útil para entender os três níveis de crescimento de uma agência é compará-los com uma construção:

- **Operacional:** os pedreiros que executam o trabalho prático de construção;
- **Tático:** o mestre de obras que supervisiona e coordena o trabalho dos pedreiros;
- **Estratégico:** o engenheiro que projeta e planeja a estrutura do edifício.

Assim como na construção, é essencial que todos os níveis trabalhem em harmonia para alcançar o sucesso. Os pedreiros (operacional) precisam executar o trabalho conforme os planos do mestre de obras (tático), que, por sua vez, segue a visão e o projeto do engenheiro (estratégico).

A evolução da agência através dos níveis

À medida que uma agência cresce, é natural que os fundadores e líderes evoluam através desses níveis.

No início, é comum que os empreendedores desempenhem várias funções operacionais, táticas e estratégicas simultaneamente. No entanto, à medida que o negócio se expande, torna-se **essencial delegar responsabilidades** e permitir que os líderes se concentrem em níveis mais altos.

O objetivo final é evoluir para o nível estratégico, onde os líderes podem se concentrar na visão de longo prazo, no planejamento estratégico e na tomada de decisões críticas.

No entanto, é importante ressaltar que, mesmo no nível estratégico, há momentos em que os líderes precisam se envolver em algumas atividades operacionais ou táticas, especialmente em agências menores ou em estágios iniciais de crescimento.

A importância de evoluir através dos níveis

À medida que uma agência cresce, é crucial que os líderes evoluam através dos níveis para garantir o sucesso a longo prazo. Permanecer preso no nível operacional pode limitar o potencial de crescimento e impedir que a agência alcance seus objetivos estratégicos.

Ao evoluir para o nível estratégico, os líderes podem se concentrar em tarefas de alto nível, como planejamento estratégico, desenvolvimento de novos produtos ou serviços, expansão para novos mercados e identificação de oportunidades de crescimento. Isso permite que a agência se mantenha competitiva e à frente da concorrência.

Como destacamos anteriormente, a evolução através dos níveis não significa abandonar completamente as atividades operacionais ou táticas. A chave é encontrar o equilíbrio correto, ter uma liderança capacitada e delegar responsabilidades à medida que a agência cresce.

Ao compreender e aplicar essa estrutura de crescimento, as agências podem se posicionar para o sucesso a longo prazo, mantendo-se competitivas e à frente da concorrência.

O dono de agência precisa ter foco em sair do operacional, mas não da operação.

Estrutura de processo de vendas

Planejar as vendas é um passo crucial para o sucesso de qualquer agência. Mas, infelizmente, muitas agências não dão a devida atenção a essa etapa.

Fornecemos aqui um guia completo sobre o planejamento de vendas para agências. Abordamos os principais conceitos, etapas e estratégias necessárias para criar um plano de vendas eficaz, visando aumentar as chances de atingir ou superar as metas estabelecidas.

A partir de agora, a regra é vender mais!

Como definir o perfil de cliente ideal para sua agência

Ter clareza sobre o perfil de cliente ideal é fundamental para o sucesso de qualquer negócio. Porém muitas agências cometem o erro de atender qualquer cliente que apareça, sem um critério bem definido. Essa abordagem pode levar a problemas como perda de dinheiro, energia desperdiçada em leads desqualificados e clientes insatisfeitos.

Antes de mergulharmos na definição do perfil de cliente ideal, é importante entender alguns conceitos-chave:

Público-alvo (Target): é um grupo amplo definido por características demográficas e socioeconômicas, geralmente utilizado na publicidade tradicional.

ICP (Ideal Customer Profile): representa as empresas que a agência considera como clientes ideais, com base em critérios específicos.

Persona: é a personificação do público-alvo ou cliente ideal, criada com base em dados e pesquisas.

A ordem recomendada é: **definir o público-alvo, em seguida o ICP** (perfil de cliente ideal) **e, por fim, criar a persona**. Muitas agências pulam direto para a persona, sem aprofundar o ICP, o que pode levar a falhas na estratégia.

Por que definir o perfil de cliente ideal?

Definir o perfil de cliente ideal traz diversos benefícios para a agência. Entre os principais estão:

1. **Foco estratégico:** ter um perfil de cliente ideal dá a direção para onde a agência deve direcionar seus esforços de prospecção e atração de clientes.
2. **Economia de recursos:** ao focar os clientes certos, a agência evita perder tempo e dinheiro com leads desqualificados ou clientes que não se encaixam no seu modelo de negócios.
3. **Melhores resultados:** clientes que se encaixam no perfil ideal tendem a valorizar mais os serviços oferecidos e obter melhores resultados, fortalecendo a reputação da agência.
4. **Alinhamento de valores**: ao definir critérios como alinhamento de valores, a agência pode evitar clientes problemáticos que prejudiquem a cultura e o ambiente de trabalho.

Como definir o perfil de cliente ideal?

Para definir o perfil de cliente ideal, é necessário analisar algumas variáveis primárias, como número de funcionários, investimento em marketing e faturamento. Também recomendamos avaliar o histórico de clientes e ex-clientes da agência, identificando padrões e pontos em comum, como:

- Segmento de mercado;
- Maiores desafios;
- Ciclo de fechamento mais curto;
- Melhores canais de prospecção;
- Clientes que percebem mais valor nos serviços.

Outros critérios importantes incluem:

- Interesse e orçamento disponível;
- Facilidade em comprovar ROI (retorno sobre investimento);
- Alinhamento com os valores da agência.

Uma dica valiosa é criar hipóteses de empresas que se encaixam no perfil desejado e validar essas hipóteses com dados reais.

Estrutura e planejamento inicial de vendas

Ter uma estrutura e um planejamento bem definido é fundamental para o sucesso de qualquer negócio, especialmente agências e empresas de serviços.

Conheça as principais etapas e considerações para estabelecer uma base sólida e um plano de ação eficaz para impulsionar suas vendas e, consequentemente, o crescimento do seu negócio.

1. **Análise do histórico de dados**

   Antes de começar a planejar, é essencial entender a situação atual do seu negócio. Isso envolve coletar e analisar dados históricos em quatro áreas principais:

   1.1. **Média mensal de novas receitas**

   Calcule o faturamento médio mensal dos contratos fechados nos últimos doze meses. Isso pode ser feito somando o valor total dos projetos fechados nesse período e dividindo por doze.

É importante ter esses números em mãos, pois servirão como base para projetar metas de crescimento realistas.

1.2. Eficácia das propostas

Outra métrica importante é a taxa de eficácia das propostas, ou seja, quantas propostas foram apresentadas *versus* quantos contratos foram fechados.

Segundo dados de mercado, a média é de quatro propostas para cada negócio fechado. Conhecer sua taxa de eficácia ajudará a identificar oportunidades de melhoria no processo de vendas.

1.3. Ticket médio

O ticket médio é o valor médio dos projetos fechados. Recomenda-se fazer um somatório dos cinco últimos projetos e dividir por cinco para obter esse número. Caso o valor pareça baixo, é possível considerar o maior valor recente como referência.

1.4. Faturamento mensal atual

Por fim, é importante conhecer o faturamento atual, ou seja, o valor que os clientes estão pagando mensalmente pelos serviços da agência. Esse número representa a receita recorrente do negócio.

Ter esses dados em mãos é crucial para embasar o planejamento e as projeções futuras.

2. Análise dos recursos atuais

Além do histórico de dados, é fundamental analisar os recursos disponíveis atualmente. Isso inclui:

2.1. Pessoas dedicadas às vendas

Para ter sucesso em vendas, é necessário ter uma estrutura escalável e pessoas dedicadas ao comercial.

2.2. Pessoas dedicadas à entrega

À medida que o número de clientes aumenta, é necessário ter uma equipe adequada para realizar as entregas, mantendo a qualidade dos serviços. Tenha uma noção clara da equipe e dos processos necessários para atender à demanda crescente.

2.3. Estrutura física

Avaliar a estrutura física disponível, como computadores, internet, escritórios ou *home office*, é essencial para identificar possíveis necessidades de investimentos em expansão ou melhoria.

2.4. Valor de investimento

Para impulsionar o crescimento, é necessário investir em recursos, como compra de mídia, tráfego pago e outras ações de marketing. Separe um orçamento dedicado a esses investimentos.

3. Planejamento de médio e longo prazo

Com os dados históricos e a análise dos recursos atuais em mãos, é possível iniciar o planejamento de médio e longo prazo. Recomenda-se ter um plano geral para os próximos doze meses, dividido em trimestres, e uma visão mínima de seis meses.

Nessa etapa, é importante definir o cenário ideal em termos de estrutura, pessoas e clientes desejados. *Aonde você quer chegar? Qual será o organograma futuro?*

Lembre-se de que **o planejamento é um processo contínuo e deve ser revisado e ajustado regularmente**, à medida que o negócio evolui e novas oportunidades e desafios surgem. Mantenha-se comprometido com seus objetivos, mas seja flexível e esteja preparado para adaptar sua estratégia conforme necessário.

Como fazer uma projeção de vendas eficiente

Antes de iniciar qualquer projeção, é preciso compreender **a diferença entre o quanto você deseja crescer e o quanto é realmente possível crescer**, com base em seus recursos e capacidades atuais.

Muitas empresas têm metas ambiciosas de crescimento, mas não possuem um plano sólido para alcançá-las.

4. **Defina metas realistas**

    Estabelecer metas realistas é a chave para uma projeção de vendas precisa. Utilize seu desempenho passado como referência e defina objetivos desafiadores, porém alcançáveis.

    Por exemplo, se sua taxa de conversão histórica é de uma venda para cada quatro propostas apresentadas, e você deseja fechar dois novos clientes por mês, precisará realizar pelo menos oito apresentações mensais.

    Após definir suas metas, calcule quantos *prospects* você precisa gerar para atingi-las. Utilize benchmarkings do mercado ou suas próprias taxas de conversão para determinar o número de leads, prospecções e oportunidades necessárias.

    > Um benchmarking comum é que, para cada nova venda, você precisa gerar cerca de 54 leads, fazer 19 prospecções ativas e converter 65% das oportunidades em vendas.

    Benchmarkings do mercado podem ser um ponto de partida útil quando você não tem dados históricos suficientes. Eles fornecem taxas de conversão médias para diferentes etapas do funil de vendas, como a conversão de leads em oportunidades e oportunidades em vendas.

    No entanto, é importante adaptá-los à sua realidade e, com o tempo, construir suas próprias métricas internas com base em seu desempenho real.

5. **Crie uma planilha de projeção**

Uma planilha de projeção é uma ferramenta poderosa para visualizar seu crescimento futuro e tomar decisões embasadas em dados. Ela deve incluir informações como:

- » Número de clientes atuais;
- » Valor médio de cada contrato;
- » Faturamento atual;
- » Metas de novos clientes por mês;
- » Taxas de conversão estimadas;
- » Projeção de faturamento mensal e anual.

A planilha deve ser editável, permitindo que você ajuste variáveis como o valor médio dos contratos, as taxas de conversão e as metas de novos clientes à medida que obtém mais dados.

> Veja um exemplo prático de projeção de vendas:
>
> - » Histórico: 15 projetos no ano anterior
> - » Clientes atuais: 5, pagando R$2.500 cada
> - » Faturamento atual: R$12.500
>
> Meta: crescer 60% nos próximos 6 meses
> (adicionar R$30.000 ao faturamento)
>
> Com uma meta de 1 novo cliente por mês, pagando R$2.500, em 6 meses você adicionaria R$30.000 ao seu faturamento, atingindo a meta de 60% de crescimento.
>
> Se manter esse ritmo de 1 novo cliente por mês, em 12 meses seu faturamento projetado seria de R$42.500, um aumento significativo em relação ao ponto de partida.

É importante lembrar que essa projeção é apenas um ponto de referência. O sucesso dependerá de sua capacidade de executar estratégias eficazes de prospecção e vendas para atingir ou superar as metas estabelecidas.

A projeção de vendas é apenas o primeiro passo. O sucesso dependerá de sua execução consistente de estratégias de marketing e vendas, bem como do monitoramento contínuo do desempenho real em relação às metas estabelecidas.

Com planejamento cuidadoso, dados precisos e ações estratégicas, você estará preparado para impulsionar o crescimento de seu negócio de forma sustentável e lucrativa.

Marketing e vendas: a chave para o sucesso empresarial

No mundo dos negócios, o sucesso depende da sinergia entre todas as áreas da empresa. Duas dessas áreas fundamentais são o marketing e as vendas.

Muitas vezes, as equipes de marketing e vendas são vistas como departamentos separados, com objetivos e métricas distintas. No entanto, essa mentalidade é prejudicial para o crescimento e a lucratividade da empresa. A verdade é que marketing e vendas são interdependentes e complementares.

O marketing é responsável por gerar leads qualificados, aumentar a conscientização da marca e nutrir os prospects ao longo do funil de vendas. Por outro lado, as vendas precisam desses leads qualificados para convertê-los em clientes pagantes e impulsionar o crescimento da receita.

Sem uma estratégia de marketing sólida, a equipe de vendas ficará sem oportunidades para perseguir. E sem uma equipe de vendas eficiente, todo o esforço e investimento em marketing serão desperdiçados.

Essas áreas precisam trabalhar em sinergia, com objetivos alinhados e uma comunicação constante, para impulsionar o sucesso geral da empresa.

6. **Acordo de nível de serviço (SLA)**

Para alcançar um alinhamento eficaz entre marketing e vendas, é fundamental estabelecer um Acordo de Nível de Serviço (SLA, do inglês *Service Level Agreement*). O SLA é um contrato formal que define as expectativas, responsabilidades e métricas para ambas as equipes.

Ao criar um SLA, é importante abordar os seguintes aspectos:

1. Estabeleça critérios claros para determinar o que constitui um lead qualificado;

2. Determine quantos leads qualificados o marketing deve entregar à equipe de vendas em um determinado período;

3. Defina como os leads qualificados serão transferidos do marketing para as vendas, seja por meio de planilhas, CRM ou outro método;

4. Especifique quais informações sobre os leads devem ser compartilhadas com a equipe de vendas;

5. Estabeleça as expectativas para o atendimento dos leads pela equipe de vendas, como prazos para contato inicial, apresentações, propostas e *scripts* de vendas;

6. Implemente uma rotina de feedback bidirecional, permitindo que marketing e vendas compartilhem *insights*, desafios e sugestões de melhoria.

Ao criar um SLA detalhado e abrangente, você garante que ambas as equipes estejam alinhadas em relação aos objetivos, processos e métricas de sucesso. Isso propicia uma comunicação clara, estabelece responsabilidades e facilita a mensuração dos esforços conjuntos.

CAPÍTULO 5

BOAS PRÁTICAS PARA CONTRATOS

> "O cliente não valorizará o que não conhece e nem reconhecerá o que você não valoriza: cuide do seu negócio."
>
> **Igor Moraes**

Há um ditado popular que diz: "o combinado não sai caro". E nada mais certo que isso quando falamos sobre contratos. Não pense que esse "combinado" se refere apenas ao que está documentado. Muitas vezes, o combinado está em um alinhamento de expectativas, processos e regras.

Um dos nossos maiores aprendizados nessa vida de agência está em deixar claras as regras do jogo: o que é e o que não é negociável, e como podemos proteger o nosso negócio (e até mesmo nossa saúde mental) quando as coisas não acontecem como deveriam (ou como gostariam).

Neste capítulo, conheça os principais pontos que priorizamos em um contrato e no relacionamento com um cliente, e como podemos evitar "dores de cabeça" com situações bastante comuns na vida de agência.

Registramos que esse capítulo não é, de forma alguma, uma consultoria jurídica. Listamos aqui alguns exemplos que são pertinentes aos nossos modelos de negócios e às nossas escolhas como donos de agências. Por isso, busque sempre um apoio técnico e especializado para tratar sobre esse assunto.

Regras do jogo: documentação

Pode ser que, neste momento, você esteja com algum projeto ou entrega em atraso porque não conseguiu que o cliente se dedicasse o necessário ao projeto. Essa, infelizmente, é uma realidade comum nos projetos nas agências.

Se isso acontece com frequência, é preciso um alerta: isso pode ser culpa sua! Sim, é duro encarar essa realidade, mas é uma verdade que precisa ser mostrada.

O que acontece é que, muitas vezes, priorizamos ter na carteira apenas clientes que, segundo os nossos critérios de cliente ideal, podem pagar pelo nosso serviço, mas não olhamos para o quanto ele está disposto a respeitar a nossa metodologia de trabalho.

Por isso, antes de tratarmos sobre o contrato, abordaremos de que forma é possível antecipar as regras do jogo já na proposta e apresentação comercial, uma vez que o contrato é apenas a formalização dela.

Além de apresentar o escopo que será entregue, o valor do investimento em seu serviço e o possível cronograma de execução, é fundamental haver um alinhamento acerca dos fluxos de trabalho.

Nesse sentido, busque no momento do fechamento comercial criar o primeiro alinhamento com o cliente sobre **aquilo que é inegociável** para a fluidez do seu trabalho e da operação da agência. Isso faz com que os novos clientes entrem de forma saudável, criando um *fit* cultural com sua organização desde o início.

O que devo apresentar?

Aqui, a resposta é simples: os prazos e regras do cliente.

Sim, você pode estipular prazos ao cliente para garantir que o cronograma do projeto, e consecutivamente o sucesso das ações, sejam alcançados.

Estipule elementos como: quanto tempo após o recebimento das peças ele tem para aprovar e como esse tempo é contabilizado (em horas ou dias úteis), quantas vezes é permitido que o cliente peça alteração em uma peça ou o valor para alterações excedentes.

A ideia é passar ao cliente uma visão de organização e de coparticipação no projeto.

E, em relação às alterações, fazer com que o cliente tenha mais foco na informação técnica do que em suas preferências pessoais.

Pergunte a ele quanto tempo está disposto a se dedicar ao projeto. Ou se terá alguém envolvido nas estratégias, que acompanhará o projeto para que tudo isso funcione. Essa informação é fundamental para sua organização. Também é importante apresentar o que compete à agência, quais são as regras internas:

Qual o seu prazo ou tempo para dar devolutiva sobre novas demandas? Não estamos falando do prazo para a entrega final, mas para dar um retorno ao cliente sobre o que você precisa e o tempo que levará para executar aquele pedido, se possível. Um exemplo: 48 horas para devolutivas e definição de prazos.

Ninguém gosta de receber mensagem de cliente domingo às 20 horas. Então, apresente qual o seu horário de atendimento e quais são os canais adequados para isso. Há mais de um canal? Tudo bem, explique para o que cada um serve.

Seu escopo é quantitativo? Se for, qual a regra da agência para demandas extras? Elas serão cobradas? Há uma tabela de aditivos?

Esses são pontos importantes para o alinhamento do *fit* cultural e o cliente entender o seu processo de funcionamento e organização.

Você deve estar pensando: "com isso levarei o dobro do tempo para apresentar as propostas". Na verdade, não. A ideia é que você **pontue isso objetivamente**, deixe a profundidade disso para o contrato.

O que orientamos é que você deixe claro que a agência tem um modelo de trabalho que facilita o acompanhamento de ações e trará fluidez ao trabalho contratado. Nesse momento, o objetivo é apenas dar ciência ao *prospect* sobre as regras do jogo e entender se ele se sente confortável em trabalhar com você dessa forma.

Regras do jogo: cláusulas contratuais

O contrato é uma formalização de tudo o que foi debatido com o cliente. Mas, além de uma mera formalidade, pense no contrato como um mecanismo de defesa: *o que é preciso estar explícito ali que poderá proteger a agência da inferência do cliente em seu modelo de negócio e em seus processos?*

Para isso, é fundamental que seu contrato tenha o que chamamos de regras essenciais. São aquelas que, em um ponto de conflito, irão resguardá-lo.

- Prazos de cada parte para entregar, avaliar e aprovar demandas;
- Forma segura de manifestar a posição do cliente quanto ao canal da aprovação e novas demandas;
- Limite de alterações incluídas no preço, valores e prazos para ajustes;
- Gatilhos de aprovação quando a outra parte não se move — quando será considerado aprovado?
- Prorrogação de prazo quando alterações são solicitadas;
- O que não está incluso no escopo contratado.

Exemplos:

Prazo para início

> *"Executar o contrato segundo sua disponibilidade, garantido tempo mínimo de X dias úteis para início da execução do objeto do contrato".*

Quando o cliente contrata, ele espera que no dia seguinte haverá entrega e sabemos que não é bem assim. A entrada de um cliente novo não pode sacrificar a entrega do cliente existente; por isso, é fundamental definir em contrato o tempo necessário para o *start* do projeto, ainda que esse *start* seja a primeira reunião de briefing.

Prazo final

> *"Solicitada alteração pelo CONTRATANTE, o prazo de realização do serviço ficará automaticamente prorrogado por X dias úteis, se não for pactuado outro prazo".*

Não há como prever quantas alterações o cliente pedirá e nem o tempo que será necessário para executá-la. Esse ponto permite que o prazo final seja alterado devido às alterações solicitadas pelo cliente.

Publicações

> *"Realizar as postagens iniciais (aquelas de início de contrato) em até X horas após a aprovação do CONTRATANTE das postagens que forem a este enviadas".*

Há sempre uma ansiedade do cliente em ter as primeiras campanhas ou publicações no ar. Mas, internamente, isso exige tempo e atenção. Esta cláusula tem relação com as primeiras entregas do projeto como, por exemplo, revisão dos perfis nas redes sociais e publicação das alterações sugeridas (capa, bio, descrição, destaques...)

Aprovações

> *"Quando a execução do contrato depender de aprovação da outra parte, a comunicação deverá ser efetuada exclusivamente pelos meios estabelecidos neste instrumento. As partes reconhecem como válidas apenas as manifestações dos representantes legais e dos gestores do contrato".*

Esse é um dos principais pontos de gargalos internos: não ter clareza de por quais canais o cliente deverá aprovar o que a ele for enviado. *Serão aceitas aprovações por WhatsApp? Apenas por e-mail? Somente no sistema de projetos?* Isso precisa ficar claro para que depois não haja reclamações e prejuízos por algo que o cliente diz que não aprovou, mas aprovou.

> *"Solicitada manifestação da parte, esta deverá responder em até X dias úteis se outro prazo não for ajustado, pressupondo-se seu silêncio como aceite do exato teor da comunicação".*

Aqui trata-se do prazo do cliente para manifestar a aprovação ou não das demandas, seja na fase de planejamento ou de execução. Além disso, você pode estabelecer o que acontece quando ele não cumprir o prazo: *o conteúdo será publicado sem aprovação, como no exemplo? Ou ele estará em stand by sendo prorrogado algum prazo maior na sua entrega?*

Outro ponto importante é definir quem acompanhará as entregas e será responsável por essas aprovações. Assim, conseguimos centralizar os retornos em uma pessoa que representará esse cliente.

Alterações

> *"A CONTRATADA realizará até X revisões e alterações gratuitas nos serviços que necessitem de aprovação do CONTRATANTE".*

Aqui fica o exemplo de como incluir um número de alterações limite inclusas no valor do contrato. Lembrando que, quanto mais refações nas entregas, menor a rentabilidade da agência.

Essas regras do jogo farão com que tudo funcione perfeitamente? Não. Há ainda um fator fundamental que é o comportamento do cliente e o seu como gestor. Se você colocar isso no papel, mas não fizer com que as regras sejam cumpridas na rotina, pouco adiantará tê-las.

Elas precisam ser incorporadas como processos e serem respeitadas principalmente pelo time interno. Lembre-se de que cliente algum respeita aquilo que desconhece e nem valoriza aquilo que você negligencia!

Responsabilidade de meio

Das situações contratuais com as quais gostaríamos de ter aprendido desde o primeiro dia de nossas agências, a responsabilidade de meio é a principal. Essa é uma cláusula que não aceitamos retirar de jeito nenhum dos nossos contratos, pois nos resguarda de alguns problemas, como o cliente alegar que está encerrando o contrato por "falta de resultado".

A responsabilidade de meio surge na abordagem de vendas, preferencialmente no primeiro contato com o possível cliente.

Para a criação de um projeto coeso, durante o processo comercial, é necessário que o vendedor da agência **entenda o que é sucesso para aquele possível cliente**. Com essa compreensão, é claro que sua agência irá trabalhar por esse sucesso, mas alcançá-lo não dependerá unicamente disso.

» Sucesso para determinado cliente é escalar vendas;
» Para outro cliente é melhorar o rankeamento de seu site nos buscadores;
» Para mais outro cliente é ampliar seguidores nas redes sociais...

Não estamos julgando o que é sucesso, ou garantia de sucesso para cada exemplo listado acima, pois arriscamos entrar em outra discussão mais técnica. Mas sim, o seu possível cliente tem uma expectativa de sucesso, ou, repetindo a expressão, quer uma garantia, por estar contratando os melhores (sua agência).

É justamente aqui que a responsabilidade de meio deixa claro que **o que está em contrato é a realização das atividades do projeto**, não a responsabilidade pelo sucesso. Não há como garantir o sucesso, será uma busca, um caminhar até o mais próximo que possam chegar juntos (sua agência e o cliente).

Enfatizamos mais uma vez que não abrimos mão desta cláusula em nossos contratos. Observe, na íntegra, um exemplo de escrita contratual que aplica a responsabilidade de meio:

> **Cláusula X.** *A CONTRATADA possui compromisso de atuar com diligência, com a finalidade de obter o melhor resultado para a CONTRATANTE, sendo a presente prestação de serviços tratada como uma obrigação de meio. Dessa forma, a CONTRATADA* **não se responsabiliza pelo resultado e não garante retorno financeiro** *e de conversões à CONTRATANTE.*

Essa cláusula nos protege principalmente em casos de quebras de contrato, quando o cliente questiona o que foi entregue. Ou seja, cumprimos o trabalho, mas não podemos garantir o sucesso ou retorno financeiro.

Quando um cliente opta pela quebra do contrato e se justifica pelo insucesso do projeto, é a cláusula de responsabilidade de meio que assegura a sua agência conforme o contrato.

Ajustes: a dor de cabeça de toda agência

Uma das tarefas que dá mais dor de cabeça, tanto para o dono quanto para a equipe em uma agência, são os ajustes. Afinal de contas, quem é que não tem salvo a versão *"v5_final_final"* de uma peça que foi e voltou diversas vezes da mão do cliente?

É justamente por esse tipo de situação ser tão recorrente na vida de agência que aconselhamos você a se precaver com esse tipo de demanda já no contrato. Até porque, cada vez que uma peça "vai e volta", você está utilizando uma hora preciosa do seu time que poderia estar sendo utilizada para outra função.

É importante destacar que os pedidos de ajustes são válidos e fazem parte do dia a dia de uma agência. Porém, nem sempre o cliente utiliza do bom senso para solicitá-las. Lembre-se, por exemplo, de quantas vezes você ou alguém do seu time pensou: "por que é que o cliente x não pede todos os ajustes de uma só vez?"

A dica aqui é **deixar claro (no contrato) o número máximo de ajustes em determinada entrega**. Ou seja, o cliente deverá ter um cuidado maior ao revisar a entrega e buscar solicitar todos os ajustes possíveis na resposta para a agência.

Você pode, por exemplo, colocar em contrato que cinco é o número máximo de solicitações de ajuste. E que, a partir da sexta solicitação, será cobrado um aditivo.

> A CONTRATADA realizará até duas revisões e alterações gratuitas nos serviços que necessitem de aprovação do CONTRATANTE. A partir da terceira alteração será devido valor fixo de R$ X por alteração.

É claro que a definição desse limite de ajustes irá variar conforme o cliente e o tipo de demanda, mas é sempre uma segurança tanto para a agência quanto para o cliente ter esse limite estabelecido em contrato.

E o "gosto pessoal" do cliente?

Não é raro encontrarmos situações em que um pedido de ajuste está relacionado ao gosto pessoal do cliente e, nesse caso, não temos como limitar em contrato a motivação das alterações solicitadas.

A dica é saber utilizar o seu "jogo de cintura" e conseguir mostrar para o cliente a diferença entre "o que ele gosta e o que dá certo". O ideal é ser transparente e mostrar o que de fato trará resultados.

É claro que essa situação pode variar conforme o cliente. Alguns vão aceitar, outros não. Nesse último caso, vale reforçar que a responsabilidade dessa decisão deixa de ser da agência, mesmo que ela execute.

CAPÍTULO 6

SELEÇÃO DE PESSOAL

> "Tenha certeza: quem te levou de 0 a 100 não te levará de 100 a 1 milhão. É preciso evoluir."
>
> **Jean Vidal**

Contratar novos profissionais para a agência é uma tarefa que frequentemente gera preocupações, seja por questões financeiras, de treinamento ou pela adaptabilidade dos novos membros ao time.

A boa notícia é que, muitas vezes, a solução está dentro de casa. Com planejamento cuidadoso e processos bem definidos, a seleção de pessoal pode se tornar um processo mais simples e eficiente.

Fechou cliente, uhul! Precisamos contratar!

Na vida de agência existe um paradoxo: assim que fechamos um cliente, comemoramos. Porém é comum que, passada a euforia da chegada desse novo cliente, surja uma preocupação: "será que precisamos contratar mais profissionais?"

Infelizmente, não há como fugir dessa situação. Como prestadores de serviços, haverá sempre o equilíbrio entre a alegria do novo cliente e o pânico de uma nova contratação.

A boa notícia é que a equação *um novo cliente = um novo colaborador* não precisa ser uma regra. É possível adotar algumas estratégias que tornam mais eficientes e coerentes a contratação de novos profissionais.

Uma das principais fontes de lucro de uma agência é a eficiência da nossa hora/colaborador. E é fundamental que consigamos fazer melhor com o mesmo time para garantir um crescimento mais sustentável.

Não estamos falando em onerar o time existente ou tornar a rotina exaustiva para não contratar, mas criar uma agência com foco em processos e ter uma gestão de pessoas estratégica pode contribuir com resultados positivos.

Entenda melhor a importância disso a partir de um episódio marcante na trajetória da Karine como empreendedora:

> *"Como já mencionado, é muito mais comum aprender errando, e essa visão é fruto de uma dessas lições.*

Em 2015, a Adove tinha cinco pessoas na operação: duas sócias e três colaboradoras (sim, todas mulheres). Numa quinta-feira, uma das colaboradoras foi desligada. Para nossa surpresa, na sexta-feira, as outras duas pediram demissão. Ou seja, restaram apenas as sócias.

Diante da necessidade de duas pessoas atenderem toda a carteira, darem andamento às atividades até a efetivação de uma nova equipe (e ainda cuidarem da gestão da agência), construir processos foi a única escolha para tornar nossa rotina menos enlouquecedora e garantir a qualidade de tudo que estava sendo feito.

Não é um episódio bonito da nossa história, mas, sem dúvida, foi primordial para toda a organização que existe até hoje."

Status quo

Antes de sair contratando, é fundamental que você tenha a visão de como está a sua agência hoje: *Como é a sua volumetria de entregas? Você sabe os quantitativos produzidos pelo seu time hoje?*

Há um exercício bastante simples que ajuda a entender o quanto precisamos entregar semanalmente, por exemplo, para cumprir 100% dos contratos já fechados:

Some os quantitativos de todos os contratos, depois divida por semanas e então pelos colaboradores envolvidos em cada ação de acordo com sua etapa. Agora, você tem uma visão da produtividade mínima que sua agência deve ter na semana.

Se você controlar o tempo de execução de cada tarefa, você ainda poderá comparar os dados e entender o quanto você ainda pode, ou não, crescer com o mesmo time. Para isso, indicamos a utilização de um software de gestão de projetos.

O problema é mesmo no operacional?

Nessa equação de "um cliente = um colaborador", é comum considerarmos apenas a contratação no time operacional. Pensamos que trazer um novo designer, um novo redator é sempre a ação mais óbvia a ser feita. Mas, na verdade, não é bem assim.

Alguns gargalos de operação têm início no fluxo errado de informações entre cliente e o time. Projetos ou demandas que entram na casa de forma incompleta, seja pela ausência de um briefing ou pela ausência de uma visão mais estratégica, são alguns dos pontos que reduzem a produtividade da equipe.

Pensando nisso, antes de inflar a agência, avalie como está o seu fluxo tático. O seu desafio pode muito bem dar início quando um cliente chega e não na entrega final.

Por exemplo, um gerente de projetos pode impor um ritmo de trabalho muito mais ágil apenas por manter atualizado e com todas as informações possíveis o sistema de gestão de atividades.

Geralmente, em uma agência, o sistema de gestão de projetos é o que dá cadência à produção diária. Então, quanto mais eficiente for a sua gestão, mais o time conseguirá produzir com a redução de ruídos de informações essenciais para a execução das tarefas.

O mesmo vale para o atendimento: *ele está tendo tempo para reuniões estratégicas junto às contas ou a rotina de trabalho o transformou em um "tirador de pedidos"?*

Inclusive, para que um gerente de projetos ou mesmo o atendimento garanta um bom fluxo de informações na agência — considerando o que o cliente quer, o escopo e as estratégias internas —, é fundamental que esse profissional tenha tempo hábil para ser consultivo com o cliente e estratégico com o time.

Costumamos defender que o atendimento é o "front-end" da agência, justamente por isso sua atuação deve ser sempre estratégica e não apenas de relacionamento.

Prevenir é o melhor remédio!

Sabemos que nem sempre será possível, mas o ideal é que, sabendo que somos prestadores de serviços e que nossas entregas dependem de pessoas, estejamos sempre preparando novos profissionais.

Em um cenário ideal, uma agência deve estar sempre preparando o próximo colaborador. Isso significa ter junto a um profissional sênior um estagiário ou profissional júnior, que irá aprender no dia a dia da operação e desenvolver seus conhecimentos.

Dessa forma, com a entrada de novos projetos, esse mesmo profissional iniciante estará apto para assumir novas responsabilidades, embasado no que aprendeu no dia a dia. Assim, você tem a oportunidade de acelerar o desenvolvimento de um colaborador júnior e também empoderá-lo.

Aliás, essa teoria é defendida por Jim Collins no livro *Empresas Feitas para Vencer*. Investir no desenvolvimento de talentos internos pode ser uma estratégia eficaz e de menor impacto para equilibrar a saúde financeira da operação.

Para isso, busque desenvolver programas de treinamento contínuo. Isso irá permitir que os colaboradores atuais adquiram novas habilidades e assumam responsabilidades adicionais, reduzindo a necessidade de contratações repentinas.

Precifique pensando em uma nova contratação

Se, ao montar a proposta para o novo cliente, você já estiver ciente da necessidade de uma nova contratação, precifique isso.

É provável que você não consiga inserir no valor da proposta o salário inteiro de um novo colaborador, mas ele pode estar fracionado em várias propostas e, assim, permitirá que você tenha uma projeção orçamentária melhor.

Um novo colaborador não irá atender apenas uma conta, então esse novo "custo" pode ser dividido entre os novos projetos que ele irá atender. Por mais que o projeto não seja vendido em horas ao cliente, a base de cálculo para a precificação sempre envolve o custo de hora/colaborador interno. Então, considere as horas e o valor de um novo profissional também.

Flexibilidade também é uma opção

Optar por contratações flexíveis pode ser uma boa solução para sua agência. Neste caso, você opta por contratos de profissionais que podem atuar por meio período ou a curto prazo para ajustar a equipe conforme necessário, sem comprometer a estabilidade financeira da empresa.

Isso permite que a agência aumente ou reduza a força de trabalho conforme a demanda, sem os custos fixos associados a contratos de tempo integral.

Precisamos estar cientes de que equilibrar a necessidade de contratar mais pessoas com o aumento do número de clientes é uma ação estratégica do gestor da agência.

É preciso pensar na combinação de planejamento estratégico, metodologias ágeis, uso de KPIs, desenvolvimento de talentos e flexibilidade contratual para auxiliar a agência a crescer de forma sustentável e rentável.

Contrate devagar e demita rápido

Certamente você já ouviu a frase "contrate devagar e demita rápido!" e pensou: *Como posso acelerar o processo de demissão sem me sentir mal com isso?*

A verdade é que isso acontece porque você montou o seu negócio baseado em pessoas e não em processos. Por isso, a decisão do desligamento parece tão cruel. Além do mais, continuamos insistindo em avaliar apenas a técnica, e não o comportamento ou aderência à cultura da empresa na hora de optar entre um candidato ou outro.

Mas como alinhar a construção de processos de RH com o engajamento do time? A resposta é mais simples do que parece: definindo os critérios pelos quais o seu time está sendo avaliado.

Seja pela experiência e evolução técnica, ou ainda pelo desempenho comportamental apresentado, a verdade é que ter critérios claros permite uma avaliação mais justa tanto pela gestão quanto pelo próprio colaborador.

Afinal de contas, se esse colaborador sabe pelo que está sendo avaliado, ele pode se desenvolver de forma mais focada. Já o gestor conseguirá avaliar o seu time mais objetivamente, sem que o único critério seja seu *feeling*.

Como definir critérios para uma demissão?

Provavelmente, a sua agência tem valores definidos. Ainda que não estejam em um código de cultura, ou escritos claramente, eles fazem parte da sua rotina. Há também aquilo que não é aceito dentro desta cultura, aquilo que não toleramos.

Somado a isso, há a visão de futuro sobre o negócio: aquilo que queremos ser. Suas metas e projeções de crescimento. (Lembra quando falamos sobre propósito lá no Capítulo 2?)

Tendo isso definido, fica mais fácil entender quais as *hard* e as *soft skills* que seu time precisa desempenhar para deixar a agência mais próxima dessa visão, assim como permitir que seu colaborador fique mais próximo do perfil profissional que deseja ter.

Então, complete essa frase: *Para que minha agência alcance a sua visão de futuro, o meu time precisa...*

Se você não conseguiu, eu te pergunto: *O que acontece hoje quanto ao comportamento do time que afasta sua agência dessa conquista?* Ficou mais fácil? Não?!

Sabemos que é um exercício complexo e que provavelmente você também nunca pensou nisso objetivamente, mas em uma avaliação de desempenho é fundamental que esses critérios sejam claros e alinhados com o time.

O colaborador...

- Consegue trabalhar em equipe?
- Cumpre sua agenda e atividades extras?
- Suas entregas têm qualidade e estão alinhadas ao objetivo do cliente?
- Atua com foco no sucesso do cliente?
- Tem *fit* cultural alinhado com a agência?
- Tem foco na resolução de problemas?
- Tem proatividade e sempre colabora com novas ideias para sua função ou dos demais?
- Demonstra-se comprometido com o avanço da agência?

Provavelmente, ao ler esses pontos, você já teve alguns *insights* sobre o que é importante ao decidir por um desligamento ou não. Concorda que fica muito mais fácil decidir com base em critérios do que apenas pelo sentimento ou norteado pela opinião de terceiros?

Quando aplicar uma avaliação de desempenho?

Se o objetivo é demitir rápido, é preciso criar uma rotina de acompanhamento desse novo colaborador ou do time.

Não há regra ou metodologia certa para esse acompanhamento, mas nosso conselho é que isso seja feito até o final do primeiro trimestre da entrada do colaborador na organização, ao final do segundo trimestre e, depois, anualmente, a cada aniversário de empresa.

Lembre-se de que é fundamental que, a cada avaliação, o colaborador receba uma devolutiva, afinal pode ser apenas um desalinhamento com a rotina e não necessariamente uma candidatura ao desligamento.

E reforçamos: o óbvio não existe! Ninguém sabe o que não foi dito.

Agora, você deve estar se perguntando: *Como demitir rápido com uma avaliação anual?*

A resposta também é simples: tenha outros pontos de conversa com o seu time. Afinal de contas, a aplicação da avaliação de desempenho não elimina outras boas práticas na gestão de pessoas.

Faça alinhamentos constantes

A definição de critérios é um facilitador para outras ações importantes de alinhamento com seu time. A partir deles fica muito mais fácil passar *feedbacks,* sejam eles de melhoria ou de reconhecimento.

O *feedback* deve ser algo pontual e estar relacionado a situações específicas. É por isso que podem ser mais bem endossados a partir de um ou mais dos critérios estabelecidos.

Se você avalia o foco no sucesso do cliente, você pode trazer esse ponto num *feedback* quando identifica que o colaborador está distante disso ou teve uma atitude contraditória. Por outro lado, você pode (e deve) elogiar quando esse colaborador fez algo que contribuiu para ampliar a percepção de valor do cliente em relação ao trabalho da agência.

Há ainda o alinhamento de expectativas. A visão de futuro da agência precisa estar alinhada com a visão de futuro do colaborador.

Isso significa que, enquanto houver uma relação profissional, é necessário que essa jornada seja de crescimento e desenvolvimento para ambos. Para o profissional que, quando sair (porque é algo que em algum momento acontece), saia melhor do que quando chegou, **e que tenha deixado a agência melhor.** Então, para que isso seja possível, é fundamental esse alinhamento.

Mas e a contratação?

Os critérios apresentados servem para demitir rápido, mas também permitirão que você contrate melhor. É muito mais saudável ao seu negócio contratar bem e de maneira coerente do que ter um alto *turnover* (índice calculado a partir da relação entre o desligamento e a admissão de novas pessoas colaboradoras em um determinado período).

Então, insira em seu processo de contratação etapas nas quais você possa avaliar o comportamento, a visão de futuro, o que motiva esse candidato e se você poderá ofertar a ele um ambiente de trabalho que promova um crescimento mútuo.

Lembre-se de que as pessoas gostam de ter uma visão clara sobre as suas possibilidades de crescimento.

Aliás, sabendo para onde a empresa vai, fica mais fácil escolher as pessoas que estarão com você nessa jornada. Além disso, essa escolha passa a ser mais por comportamento do que por técnica.

Não sabe como fazer isso? Inclua uma etapa de entrevista com algum gestor da agência no processo seletivo. Dê a ele a missão de apresentar não só o modelo de negócio, mas aquilo que a agência almeja.

Insira perguntas que ajudarão a mapear o perfil. Por exemplo:

- Como você lida com receber e dar feedbacks?
- Descreva o ambiente em que seu estilo de liderança é mais eficaz. Onde você esteve frustrado ou teve menos sucesso?
- Fale sobre ambientes diferentes em que já trabalhou. Onde conseguiu dar o seu melhor? E por quê?
- O que é mais importante e valioso para você? O que lhe serve como guia de vida?
- Descreva uma ou duas conquistas específicas das quais você é especialmente orgulhoso em sua carreira. Por quê?

Se as respostas forem coerentes com a cultura da empresa, com a visão de futuro e tecnicamente o candidato for hábil, dificilmente essa será uma contratação que levará a uma demissão rápida.

Fiquei sem pessoal para atender, e agora?

Um dos maiores problemas em modelos de negócios de serviços, como é o caso de uma agência, é o rodízio de gargalos quanto à operação.

Como a nossa capacidade produtiva está relacionada à hora/colaborador do time, é comum que, em algum momento, a ausência de um funcionário comprometa a eficiência da prestação do serviço. Principalmente, quando o assunto é o **atendimento ao cliente.**

O time de atendimento é responsável pelo relacionamento, o que torna essa função extremamente importante para a manutenção das contas e para o acompanhamento de entregas de sucesso.

Entendendo a **importância e o grau de responsabilidade do atendimento,** é fundamental que alguns pontos estejam alinhados na agência para que, em caso de troca de colaborador ou do aumento do volume de trabalho, a operação da agência não seja penalizada.

» Qual o time de relacionamento com o cliente hoje? Outros profissionais estão envolvidos no atendimento ao cliente, gerente de projetos ou customer success manager (CSM)?
» O atendimento é responsável exatamente pelo quê?
» Quais as etapas do seu trabalho?

Sabemos que cada agência trata determinadas funções de uma forma diferente. Se selecionarmos duzentas agências e perguntarmos a cada uma delas qual a função do atendimento, com certeza teremos respostas diferentes.

Para evitar que, ao ficar sem pessoal para atender, o caos se instale na agência, é muito importante construir uma hierarquia e deixar claro o que cabe a cada função. Essa visão permitirá que você entenda qual o tamanho do impacto da ausência quando acontecer.

Além disso, com funções claras, fica fácil analisar a capacidade de cada um dos profissionais da agência quanto às horas de atuação para uma mesma conta.

No caso da agência onde a Karine atua como CEO, as funções do atendimento são divididas em três cargos: atendimento, gerente de projetos e CS manager. E para cada um desses cargos há a definição de foco a ser seguido, os quais são:

» **Atendimento:** ampliar e melhorar o relacionamento com o cliente por meio de uma atuação estratégica, com foco na expansão de seu negócio. Ainda, garantir que os objetivos dos clientes sejam repassados assertivamente para a equipe e reflitam na sua satisfação.

- » **Gerente de projetos**: este é o maestro da agência. É ele quem dita o ritmo da equipe ao garantir a execução e entrega das atividades individuais referentes aos projetos de cada cliente com excelência e dentro do prazo.
- » **CS manager**: olhar com atenção os resultados dos clientes, permitindo a ele essa visão de valor e auxiliando o time a evoluir em suas ações. Garantir ainda o sucesso e engajamento do cliente na utilização dos serviços contratados, promovendo a aproximação dele com a agência.

Defendemos a importância de estabelecer as responsabilidades e o foco de cada função em uma agência porque entendemos que, com isso, ganhamos em produtividade, melhoramos nosso relacionamento e, é claro, a entrega de nossos resultados.

Por que é importante investir na construção de rotinas?

O fluxo de atendimento não pode ser ditado pelo cliente. Uma coisa é você atender uma solicitação pontual de emergência ou prioridade, outra coisa é você estar *full time* à disposição do seu cliente por falta de rotina (lembra o que tratamos lá no Capítulo 2?).

A boa notícia é que ampliar significativamente a produtividade do time de atendimento é possível. Mas para isso, é preciso **ter rotinas preestabelecidas.**

A rotina de trabalho tem ligação direta com as funções no descritivo de cargo. É por meio disso que conseguimos que cada um tenha foco na sua atuação.

Veja, por exemplo, como a rotina de onboarding de um cliente é feita pelo atendimento da agência da Karine:

Função: Atendimento

Etapa: Onboarding do cliente

Rotina inicial:

- É o primeiro contato após o fechamento comercial – passagem.
- Criar a pasta no drive com as devidas subpastas;
- Criar o grupo no WhatsApp;
- Sugerir uma data para realizar a reunião inicial de briefing;
- Realizar a reunião de briefing:
    - Cobrar o retorno das demandas solicitadas no e-mail de onboarding, caso não tenham providenciado;
    - Responder com o cliente os roteiros e briefings de entregas iniciais.
- Enviar e-mail ao cliente formulário para construção de persona.

Função: Atendimento

Etapa: Onboarding com o time interno

Rotina:

- Definir o cronograma do projeto e notificar o time para validações finais antes do envio ao cliente.

Após a primeira reunião:

- Enviar ao time a gravação da reunião com os roteiros e briefings;
- Enviar ata da reunião e documento com informações importantes para o time de Heads;
- Agendar com o time e o cliente a reunião de imersão e após enviar as anotações ao time, bem como qualquer informação que for relevante.

Uma rotina estabelecida para cada etapa do processo de trabalho com o cliente, aliada à clareza da função, permite que o atendimento seja muito mais estratégico.

Dessa forma, seu time de atendimento passará a atuar como um "front end" da agência, permitindo que o cliente amplie sua percepção de valor a partir de uma organização com foco na qualidade e constância da entrega ordenadamente.

Crie históricos

O desespero com a saída ou troca de um atendimento ocorre porque, geralmente, as informações importantes do cliente estão apenas com o próprio atendimento. Apenas essa pessoa tem clareza sobre o que foi discutido na última reunião ou sobre as metas do cliente para os próximos meses.

Embora estejamos falando do relacionamento direto com o cliente, a construção desse histórico pode envolver outras áreas, mas a solução é a mesma: processos.

Quais são os processos obrigatórios para a agência registrar o máximo de informações possível e garantir que essas informações sejam amplamente difundidas ao time?

Há algumas boas práticas que podem impedir que a agência fique refém do controle exclusivo da pessoa que ocupa o cargo de atendimento atualmente, por exemplo:

- Gravar as reuniões sempre que possível;
- Criar uma ata de reunião após cada encontro (incluindo as percepções do atendimento em relação à pauta discutida com o cliente);
- Ter um momento de alinhamento semanal entre o atendimento e o time tático da agência para compartilhar informações e percepções;
- Registrar as atividades no sistema de gestão conforme o cronograma criado (setup e planejamento).

O atendimento não tem como objetivo apenas o sucesso do cliente; ele precisa também ser um **defensor do sucesso da agência**. Por isso, difundir o maior volume possível de informações estratégicas, de forma padronizada, é um excelente preceito para o crescimento da agência por meio de uma entrega de valor.

Contratação da porta para dentro

Se o maior impacto da saída ou troca de um atendimento é o fluxo de informações, qual a maneira de resolver isso com o menor impacto possível? Dando a oportunidade de alguém da sua equipe fazer esse atendimento.

Normalmente há pessoas no time com conhecimento e comportamento que estão em outras funções, mas que buscam um novo desafio ou uma chance de crescimento. Em geral, quando precisamos buscar novos talentos, pensamos sempre no mercado externo, certo? Mas você já se perguntou se essa é realmente a melhor opção?

Contratar da porta para dentro significa olhar para o seu time antes de trazer novas pessoas, e isso pode ser muito benéfico tanto para a empresa quanto para a equipe.

Então, antes de olhar para o mercado procurando um novo atendimento, avalie quem do seu time poderia atuar nesse cargo. Obviamente, esse profissional precisará de treinamento, de acompanhamento e orientação, mas ele já tem conhecimento sobre a conta, sobre algumas preferências dos clientes e conhece bem o funcionamento da agência, o que é fundamental para esse cargo.

A contratação da "porta para dentro" valoriza o crescimento interno e a promoção dos talentos que já fazem parte da sua agência.

Defendemos sempre a importância de valorizar o crescimento e o desenvolvimento das pessoas que trabalham com você. Afinal de contas, sabemos que o aumento da motivação e da satisfação no trabalho é bom para todas as partes, além de reter talentos e reduzir o *turnover*.

Além disso, os colaboradores internos já são adeptos à cultura, processos e valores da agência. A promoção aproveita o conhecimento e a experiência interna, reduzindo os custos associados à contratação externa e treinamento.

Na próxima oportunidade, não se esqueça disso! Mas, caso isso não seja possível e você precise trazer alguém novo é indispensável alinhar uma boa passagem de bastão.

Por isso, questione-se e considere:

» Quais são os processos ou procedimentos adotados hoje com cada uma das contas?
» O que o atual atendimento precisa deixar registrado antes da sua partida?
» Toda documentação do cliente está compartilhada e de livre acesso ao novo atendimento?

Essas podem parecer questões simples, mas costumam passar despercebidas e causam um incômodo gigantesco no relacionamento com o cliente.

Está sem pessoal para atender?

A agência está crescendo e isso virou um problema?

Então, como destacamos lá no primeiro capítulo do livro, **dedique tempo a construir rotinas e processos**. Isso ajudará você a ampliar a capacidade interna antes de manter o comportamento clássico de "um novo cliente, um novo colaborador".

Boas práticas de onboarding para um colaborador

Defendemos que o onboarding de um novo colaborador na agência deve começar no processo de recrutamento e seleção.

Na Conexorama, agência do Jean Vidal, por exemplo, esse processo acontece da seguinte maneira:

> Durante o recrutamento e seleção, a equipe da Conexorama consegue conhecer um pouco mais do candidato, suas expectativas e até mesmo um pouco de seu perfil profissional. O recrutamento e seleção é dividido em:
>
> 1. Preenchimento de uma Landing Page com as principais informações do candidato;
>
> 2. Preenchimento de um quiz técnico, que auxilia o time de recrutamento e seleção a analisar algumas expertises desse candidato;
>
> 3. Envio de um job simples solicitado e orientado pelo time da Conexorama;
>
> 4. Entrevista com profissional de psicologia para análise de perfil;
>
> 5. Entrevista com o gestor.
>
> Entre todas as etapas, a única que não é eliminatória é a entrevista psicológica.

O que destacamos nesse tipo de recrutamento é que, a cada fase, o candidato também tem a oportunidade de conhecer um pouco mais da agência, alguns processos e, principalmente, um pouco da cultura organizacional.

A importância da entrevista com o gestor

No processo adotado pela Conexorama, a entrevista com o gestor é a última e mais importante etapa de recrutamento e seleção. E o motivo é simples: **contratamos por técnica e demitimos por alinhamento ao nosso negócio, a nossa visão de futuro.**

Nós já falamos sobre isso e continuamos errando em muitos casos. Assim, é fundamental que durante a entrevista com o gestor seja apresentada ao candidato a visão de futuro da agência: *estaremos trabalhando juntos para...*

As pessoas engajam-se com aquilo que conhecem e reconhecem, assim, ao apresentar a visão de futuro da agência para o candidato, você está permitindo que ele entenda se aquilo faz sentido para o que ele quer.

Destacamos que temos preferência por candidatos ambiciosos, pois sabemos que estarão dispostos a crescer com a agência. Sendo assim, nada mais certo do que permitir que ele saiba dos nossos planos, ainda que sejam só possibilidades.

A ideia não é fazer promessas de futuro, ofertar uma graduação de carreira, mas apresentar as oportunidades e possibilidades que a própria agência pretende criar para esse candidato e, quem sabe, futuro colaborador.

Onboarding de colaboradores na prática

Sabemos que a chegada de um novo colaborador na agência envolve uma enxurrada de informações. E mais: geralmente há a necessidade de uma integração rápida desse profissional à equipe, causando ansiedade em todos que estão envolvidos no processo.

Por isso, um lembrete: é preciso ter cautela. Afinal de contas, informação demais pode gerar o caos.

Justamente por isso, é fundamental desenhar um cronograma deste onboarding e definir claramente quais serão as etapas e as informações repassadas em cada uma delas.

Uma das metodologias que adotamos é realizar uma apresentação 360° da agência antes que o colaborador inicie atividades operacionais. Entenda como ela funciona:

> **Apresentação institucional:** o profissional responsável pelo RH e gestão de pessoas dá início ao processo apresentando a empresa, sua cultura, o organograma da agência e todos os benefícios e regras da casa.
>
> **Apresentação comercial:** o diretor comercial apresenta os principais serviços e produtos comercializados pela agência. Além disso, explica quem é o nosso ICP (ideal customer profile) e quais os critérios comerciais adotados pela empresa. Nessa etapa, o objetivo é que o novo colaborador entenda o que vendemos, para quem vendemos e quais são, de forma geral, as expectativas dos clientes.
>
> **Cadência de trabalho:** o gerente de projetos apresenta a cadência de trabalho, os principais projetos e como deve ser a organização da rotina operacional. Nesta etapa, o novo colaborador recebe um treinamento sobre o sistema de gestão de projetos e demais ferramentas de organização das demandas (drives, grupos de conversas etc.).
>
> **Apresentação dos clientes:** a diretora de relacionamento com o cliente (que em alguns casos pode ser também o profissional de atendimento ou CS) apresenta os clientes atuais e seus respectivos focos. O objetivo é que o novo colaborador tenha um contato prévio com as contas em que irá atuar antes de iniciar o onboarding técnico.

Apresentação das responsabilidades: para finalizar, o líder da área técnica na qual o colaborador atuará apresenta as responsabilidades e missões do cargo (baseadas no descritivo da vaga), além das ferramentas operacionais e processos de entrega

Tudo isso acontece de forma cadenciada, e o novo colaborador vai se inteirando de tudo enquanto começa a ter contato com a rotina e suas atribuições.

Após a integração 360°, ou mesmo concomitante a ela (essa é mais uma decisão estratégica da gestão da agência), outras etapas do onboarding são realizadas, tendo efeito em todo o processo de permanência e crescimento do colaborador na empresa. São elas:

» **Metas 30/60/90**

Assim que o colaborador chega à agência, ele é convidado para uma reunião com seu líder direto e um representante do setor de Recursos Humanos e Gestão de Pessoas para, juntos, definirem um cronograma de metas com base nos marcos de 30, 60 e 90 dias na organização.

As metas 30/60/90 dão clareza à jornada que esse colaborador deverá seguir e ao que ele precisa fazer para se desenvolver e crescer na carreira.

» **Cursos**

Faz parte das metas 30/60/90 a conclusão de cursos de desenvolvimento e reciclagem relacionados à área de atuação. Geralmente, algumas dessas metas estão diretamente ligadas a esse desenvolvimento e aprendizado.

É importante enfatizar que o estímulo à capacitação e ao desenvolvimento deve ser constante em uma agência, mesmo após a conclusão do onboarding, e atrelado a novas metas de desenvolvimento profissional.

» **Check-in**

Durante o processo de 30/60/90, o novo colaborador deve receber um acompanhamento mais próximo da liderança. Isso é feito com reuniões semanais de check-in.

Nessas reuniões, líder e liderado conversam sobre desafios, conquistas, expectativas e, quando necessário, fazem ajustes de rota.

- **Role Plays**

    Role Plays são simulações de eventos e processos cotidianos em uma agência, cujo objetivo principal é favorecer o alinhamento cultural, disseminar boas práticas e, claro, auxiliar no desenvolvimento do colaborador.

    Um bom exemplo de *Role Play* é a simulação de uma apresentação de resultados para um cliente ou de uma reunião de fechamento de vendas com um cliente imaginário.

- **Playbook**

    Assim que o colaborador inicia o onboarding, cabe a ele também atualizar a documentação dos processos de seu setor, o *playbook*.

    Com essa atividade, além de ajudar a equipe na atualização desse material, o novo colaborador tem a oportunidade de entender a fundo os processos e até mesmo propor melhorias quando achar necessário.

Cartilha do onboarding

Como deu para perceber, o fluxo de informações é grande e, por isso, é fundamental documentar as principais informações repassadas ao novo colaborador.

Por isso, uma das boas práticas envolve construir uma cartilha de onboarding: um documento no qual o novo colaborador possa consultar e esclarecer dúvidas sobre as regras e processos da agência quanto à gestão de pessoas.

Ali, devem estar reunidas informações sobre a cultura organizacional, os direitos e deveres do colaborador, benefícios e regras, e também as boas práticas específicas da agência.

Agência-escola ou time de experts

Uma decisão importante que, mais cedo ou mais tarde, deverá ser tomada por um dono de agência é sobre o caminho que a agência seguirá: ser uma agência-escola ou ter um time de experts?

Em uma agência-escola, a tendência é empoderar e capacitar os colaboradores para que cresçam e se desenvolvam. Nesse caso, é comum que jovens sem experiência e recém-saídos da universidade sejam contratados para se desenvolverem.

O maior desafio, nesse cenário, é reter esses colaboradores e competir com outras empresas para mantê-los na sua equipe. Ou seja, sua agência forma e capacita esses profissionais, e, quando eles já estão bastante desenvolvidos, você corre o risco de perdê-los para a concorrência ou mesmo para parceiros de negócio.

Já uma agência com um time de experts é composta por profissionais experientes e altamente qualificados. Esse modelo de negócio tende a ter estratégias únicas e avançadas, com um desenvolvimento acelerado.

O desafio aqui costuma ser os salários mais altos do que a média e a necessidade de garantir que esses profissionais seniores tenham a liberdade para criar e continuar se desenvolvendo.

Reforçamos que não há certo ou errado; essa escolha depende do seu modelo de negócio. No entanto, é fundamental que você saiba que sua operação corre risco caso opte por um único modelo: ter apenas profissionais juniores ou apenas seniores.

Pensando no crescimento e na adaptabilidade que o modelo de negócio de uma agência exige, talvez o mais sensato seja construir um equilíbrio entre esses dois pontos.

Falamos ao longo deste capítulo sobre a importância de treinar pessoas no time para que a agência não precise recrutar a cada entrada de cliente, mas também não é viável atuar em projetos complexos sendo apenas uma agência-escola.

Como não há uma receita única, abordaremos as vantagens e desvantagens de cada opção para que você possa tomar a melhor decisão considerando o seu negócio e o perfil dos seus clientes e serviços.

Lembre-se de que a decisão entre ser uma formadora de profissionais ou contratar pessoas já capacitadas deve considerar uma série de fatores, incluindo custo, tempo, cultura organizacional e sustentabilidade do crescimento.

Os desafios e benefícios em ser uma agência-escola

Considerando que a máquina não para, costumamos dizer que, em agências, "a gente conserta a asa do avião com ele voando". Um dos principais pontos a se considerar nessa equação é o tempo e a disponibilidade de recursos.

Não dá para ignorar que a formação de profissionais requer um investimento significativo de tempo e recursos em treinamento e desenvolvimento, o que pode ser um desafio para uma agência com alta demanda imediata.

Além disso, esses profissionais precisarão de mais direcionamento e acompanhamento. Não se trata apenas de treinamento, mas também de guiar essas pessoas até o amadurecimento profissional necessário.

Outro ponto a se considerar é a aplicabilidade do que foi ensinado e aprendido. Nem todo conhecimento gera produtividade imediata. A produtividade ágil que uma agência demanda vem da repetição: ficamos melhores à medida que praticamos.

No entanto, há mais vantagens do que desvantagens em ser uma agência-escola.

Se para você, assim como para nós, o engajamento com a cultura da agência é primordial, ser uma agência-escola pode ser vantajoso nesse sentido. Esse modelo permite moldar a cultura organizacional desde o início, garantindo que os valores e a missão da agência sejam internalizados pelos colaboradores.

E se eu quiser um time de experts?

Tudo bem, também!

As competências imediatas de um time de *experts* aceleram a aplicação das habilidades, permitindo que a agência faça entregas de alta qualidade sem a necessidade de treinamento extensivo. Esse modelo pode reduzir erros e aumentar a eficiência operacional, garantindo um alto padrão técnico desde o início.

No entanto, é importante equilibrar o alto custo desses profissionais com o impacto nos investimentos operacionais e considerar os desafios culturais que podem surgir devido à experiência prévia desses experts.

O que fazer então?

Aposte no equilíbrio.

Uma abordagem híbrida permite crescimento sem sobrecarregar os custos e proporciona adaptabilidade em marketing, tornando sua agência menos dependente de conhecimentos unilaterais.

Avalie quais funções exigem *expertise* imediata e onde é mais vantajoso investir no desenvolvimento interno. Funções técnicas podem se beneficiar de profissionais experientes, enquanto atividades de menor impacto podem ser preenchidas por talentos em desenvolvimento.

E não deixe de utilizar indicadores de desempenho para monitorar e ajustar sua estratégia, garantindo que os investimentos em pessoas sejam bem direcionados.

A importância dos planos de desenvolvimento individual

Mesmo ao contratar especialistas, é essencial investir no desenvolvimento contínuo para atualizar habilidades e promover o crescimento pessoal. Como afirmou Peter Drucker: "o aprendizado contínuo mantém a relevância e a competitividade dos negócios."

Por isso, é importante implementar planos de desenvolvimento individual (PDIs). Mesmo que os profissionais já sejam capacitados, sempre há competências a serem adquiridas ou aprofundadas.

A recomendação é criar um plano de desenvolvimento para cada colaborador, alinhado à direção da agência. O plano deve incluir as áreas de desenvolvimento, a profundidade do conhecimento necessário conforme o nível do colaborador e um prazo para execução. Esse plano deve estar integrado a um plano de carreira interno.

Direcionar o desenvolvimento das áreas permitirá o foco acelerado na criação e expansão de novas áreas ou serviços na agência.

CAPÍTULO 7

ATENDIMENTO DE CLIENTES

> "Organize o máximo que você puder, para lidar melhor com aquilo que você não consegue organizar."
>
> **Karine Sabino**

O atendimento ao cliente é o verdadeiro cartão de visitas de uma agência. Porém, mais do que apenas satisfazer o cliente, é essencial manter o controle do processo, organizar a operação e estar atento às transformações do mercado. Só assim será possível realizar os ajustes e atualizações necessários no momento certo.

Neste capítulo, apresentamos algumas boas práticas para a construção de um atendimento eficaz. Sem fórmulas mágicas, mas com base nas nossas vivências e aprendizados.

Construção de processo: organizar a casa para crescer

Antes de nos aprofundarmos neste tema, é importante esclarecer que a palavra "crescer" neste título não se refere apenas a vender mais. O crescimento de uma agência envolve muitos fatores, e é sobre eles que falamos ao discutir a importância de organizar para crescer.

Dito isso, fica um alerta: ninguém cresce na desordem!

No livro *Gestor Eficaz*, Peter Drucker defende que uma empresa de sucesso estabelece processos eficientes antes de buscar um crescimento significativo. Organizar os processos internos garante uma base sólida para lidar com o aumento das demandas, sem comprometer a consistência ou a qualidade.

Um negócio saudável é um negócio sustentável. No caso de agências, essa sustentabilidade vem de **vendas recorrentes**, **precificação correta**, alinhamento de **produtividade e qualidade** das entregas e **retenção dos clientes**.

Você deve estar se perguntando: *mas é organizar para crescer ou crescer para organizar?*

A resposta é que não é necessário parar de vender para organizar, mas os riscos são altos se a organização for adiada por muito tempo. Afinal, é a organização que confere sustentabilidade ao seu negócio.

Recomendamos, com muita tranquilidade, que você **pense em processos enquanto ainda é pequeno**. Quando as situações com clientes e equipes são controláveis e não há gargalos fora de controle.

Infelizmente, em uma agência, a maioria das falhas ocorre por falta de clareza nas informações. Por considerarmos certas ações rotineiras, deixamos de lado a preocupação com o entendimento das pessoas. E é nesse momento que surgem os problemas e gargalos.

Independentemente do modelo de negócio ou do perfil da equipe, é essencial que gestores e líderes garantam clareza sobre o que deve ser feito, por quem e quando.

Com processos claros, fica mais fácil identificar quais partes do fluxo de trabalho podem ser ajustadas ou otimizadas para responder a novas demandas e tendências do mercado. Isso também é crucial para a escalabilidade, permitindo que a agência cresça sem perder a qualidade dos serviços oferecidos.

E como isso deve ser feito? Aqui estão duas dicas:

1. Invista na construção de processos e fluxos de informação que sejam claros, diretos e transparentes;
2. Garanta um alinhamento consistente entre a equipe, clientes e processos.

- Com o time:
  - Tenha descritivos claro dos cargos;
  - Esclareça as responsabilidades;
  - Alinhe as expectativas;
  - Ouça e estabeleça uma rotina de feedbacks.

- Com processos:
  - Crie mapas mentais para as atividades da agência;
  - Invista na qualidade do briefing, descrições e checklists;
  - Dê atenção especial ao onboarding dos clientes;
  - Compartilhe sua lógica de pensamento;
  - Priorize o ensino de refazer.

- Com o cliente:
  - Estabeleça claramente as regras do jogo;
  - Defina prazos também para o cliente, com follow-ups da agência;
  - Determine canais de comunicação prioritários;
  - Priorize o sucesso da agência.

Com tantas ofertas de agências disponíveis hoje no mercado, só há uma coisa que poderá fazer diferença entre todas: uma **metodologia própria.**

Se a estratégia usada para alcançar resultados é o principal diferencial de uma agência, transformar essa estratégia em uma metodologia escalável deveria ser a norma.

A organização dos processos, portanto, torna-se essencial para o crescimento sustentável de uma agência de marketing digital.

Padronização, eficiência operacional, capacidade de medir desempenho, adaptabilidade, gestão eficiente de recursos e aumento da satisfação dos clientes são resultados imediatos e constantes dessa prática.

Implementar processos bem definidos e regularmente revisados garante que a agência esteja preparada para enfrentar desafios e aproveitar oportunidades. Isso também permitirá que demandas imprevistas dos clientes sejam absorvidas sem causar grande impacto na operação.

Além disso, essa abordagem facilita a atuação preventiva, evitando possíveis falhas à medida que o negócio cresce.

Você prefere prevenir ou remediar?

Lembre-se de que remediar, ou esperar que os problemas ocorram para resolvê-los, pode transformá-lo em um simples apagador de incêndios, em vez de um gestor eficaz.

Boas práticas para a construção de processos

Organizar um negócio para sustentar um crescimento escalável exige uma abordagem estratégica e bem planejada. No livro *A Meta*, Eliyahu M. Goldratt destaca a importância de identificar e eliminar gargalos nos processos para aumentar a produtividade.

Em uma agência, isso pode significar a implementação de ferramentas de automação para tarefas repetitivas, liberando tempo para que a equipe se dedique a atividades estratégicas e criativas que realmente agregam valor ao cliente.

Além disso, há outras boas práticas que podem ajudar você a desenvolver sua própria metodologia ou, pelo menos, aprimorar seus processos internos.

1. **Identifique os clientes com os melhores resultados**

Entender onde sua estratégia e operação são mais eficientes permitirá que você identifique os pontos comuns entre elas. Esses pontos comuns são aquilo que você tem feito de melhor e que devem ser replicados.

2. **Identifique o que deve ser eliminado**

O inverso também vale. É preciso entender quais falhas foram cometidas e eliminá-las. É fundamental que esses pontos sejam revistos e adaptados. Construção de processo não é apenas potencializar aquilo que deu certo, mas principalmente pontuar e agir sobre as falhas operacionais antes que elas se repitam.

3. **Documentação de processos operacionais**

A primeira etapa para organizar seu negócio é mapear e padronizar todos os processos operacionais. Essa etapa é fundamental para eliminar atividades que não agregam valor e criar um fluxo de trabalho eficiente.

E sim, será preciso documentar todos os processos da agência, seja em um mapa mental ou em um documento de Procedimento Operacional Padrão, o POP.

O POP estabelece o roteiro de cada tarefa a ser desenvolvida em uma organização. Seu principal propósito é garantir resultados consistentes, conforme os padrões de qualidade da agência.

Entre os principais motivos para se criar um POP estão:

» Padronizar as entregas;
» Agilizar orientações para substitutos e novos funcionários;
» Identificar problemas e otimização de processos;
» Dar início ao processo de adequação à LGPD;
» Ampliar o *valuation* da empresa.

4. **Defina responsabilidades**

Não pode haver atividade sem a definição de um responsável. Agências funcionam exatamente como um chão de fábrica industrial em que muitas mãos irão construir o resultado e ter a clareza de função e responsabilidades é o que potencializará isso.

5. Não tenha apego pelo que já fez

Talvez a maneira como você faz as coisas até hoje não te leve para o próximo nível. Todas essas análises e definições poderão demonstrar que é preciso eliminar alguns gargalos.

Lembre-se de que esse apego pode limitar o desempenho do seu negócio. Por isso, implementar melhorias contínuas para eliminar ou mitigar os gargalos ajudará a otimizar a capacidade de produção e a melhorar o fluxo de trabalho.

6. Automações podem acelerar sua assertividade

Os resultados de uma agência vêm de uma operação eficiente e podemos entender que essa eficiência vem de entregas assertivas (sem ajustes) e em tempo hábil. Assim, automatizar algumas etapas da sua metodologia pode ser fundamental no processo de organizar para crescer.

7. Mantenha seu time atualizado

Nenhum processo sobrevive à falta de engajamento ou conhecimento das pessoas. Sua equipe, além de ser tecnicamente eficiente, precisa conhecer a fundo a metodologia da agência. Entender o *porquê* de fazerem o que fazem permitirá que contribuam para a melhoria de estratégias e resultados.

É natural que mudanças gerem desconforto e até desconfiança inicialmente, mas são essenciais para a evolução do negócio. A decisão sobre quais processos implementar cabe ao gestor, e é importante comunicar essa necessidade com clareza.

Analise a forma como você argumenta sobre essas mudanças. Demonstre a importância do novo procedimento para a agência e não aceite um "não" como primeira resposta — de seu time ou de seus clientes.

A eficiência operacional, a qualidade do serviço, a capacidade de escalar, a motivação dos funcionários e a satisfação do cliente são diretamente impactadas pela forma como os processos são criados e gerenciados.

Investir tempo e foco nesses processos criará uma base sólida para um crescimento contínuo e bem-sucedido.

Lembre-se: **o perfeito pode ser inalcançável. O importante é fazer o possível e organizar o que está ao seu alcance.**

Construa um negócio replicável que não dependa exclusivamente de você. Ao focar nos processos, você deixa de ser refém de pessoas e garante uma gestão otimizada e de qualidade para todos.

Squad ou atendimento individual

Ser dono de uma agência é não ter resposta certa para vários questionamentos. E escolher entre ter um *squad* (minitime na agência, com todas as habilidades necessárias para executar um projeto completo) ou um atendimento individual é mais uma dessas questões sem uma única resposta.

Neste caso, a melhor resposta é "depende". Sim, a decisão entre ter um atendimento individualizado, com uma única pessoa responsável por todas as demandas, ou um time de profissionais especialistas, depende de diversos fatores. Entre eles, o tamanho da agência, a complexidade dos projetos e as expectativas dos clientes.

Se entendermos que a rentabilidade de uma agência vem da maior produtividade do time e o seu crescimento está diretamente ligado à retenção de clientes, fruto da satisfação deste, daríamos um único conselho: **dê foco às pessoas do seu time**.

Conforme sua agência for crescendo, é importante que os profissionais se especializem. O digital, além de envolver diversos serviços distintos em uma mesma estratégia, implica em atualização constante. Então, ajude sua equipe a saber qual deve ser o seu foco para potencializar o seu desempenho.

Não estamos afirmando que a individualização do atendimento não tenha suas vantagens. A consistência e a familiaridade são algumas delas, por exemplo.

Um único ponto de contato pode oferecer uma experiência mais pessoal e consistente para o cliente. Esse profissional conheceria todos os detalhes do projeto, o que pode levar a uma comunicação mais eficiente e uma melhor compreensão das necessidades dessa conta.

Além disso, a rapidez na tomada de decisões pode mitigar riscos do projeto e dar ao cliente retornos mais rápidos sobre suas dúvidas ou novas demandas.

Mas, pensando na complexidade de alguns projetos ou no grande volume de alguns escopos de trabalho, podemos esbarrar na capacidade limitada de um único profissional. À medida que o volume de trabalho aumenta, pode haver um gargalo, levando a atrasos e a uma entrega com menos qualidade.

Esse último ponto também pode ser fruto da falta de especialização. Uma única pessoa pode não ter todas as habilidades necessárias para lidar com todas as demandas.

Mas e o squad?

Essa organização será quase fundamental para sua escalada, afinal, quanto mais o cliente cobrar por resultados, maior deverá ser a profundidade do conhecimento técnico do seu time para cada uma das ações estratégicas.

Aliás, essa é a principal vantagem do atendimento por *squads* — cada membro do time é um especialista em sua área, o que pode aumentar a qualidade do trabalho.

Essa, inclusive, é a dica do livro *Scrum: A Arte de Fazer o Dobro do Trabalho na Metade do Tempo*, de Jeff Sutherland, que aponta que times multifuncionais em ambientes complexos são mais eficazes.

Outro ponto importante é o gerenciamento mais coordenado de grandes volumes de trabalho.

Conforme a agência cresce, amplia-se também sua volumetria de atividades, ou seja, a quantidade de entregas para cada conta ou num todo. Com *squads* específicos, esse gerenciamento fica mais fácil, afinal diferentes especialistas podem trabalhar simultaneamente em diferentes etapas do projeto.

Se a estratégia e a metodologia são os diferenciais do seu negócio, devemos destacar que **diferentes perspectivas e habilidades contribuem para soluções mais criativas e de alta qualidade.**

Mas nem tudo são apenas flores.

Quanto mais profissionais envolvidos no projeto, maiores são os desafios de comunicação. Talvez seja necessário um gerenciamento de projetos mais rígido e ordenado para garantir que todos estejam alinhados com os objetivos traçados.

Outro ponto importante são os custos. Geralmente, um time de especialistas pode ser mais caro do que um único ponto de contato, afinal será preciso contratar múltiplos profissionais especializados.

E se você puder ter o melhor dos dois?

Como já destacamos, a escolha entre os dois formatos depende de vários fatores, incluindo a satisfação do cliente com o atendimento e os resultados alcançados.

Portanto, precisamos considerar maneiras de combinar as duas abordagens de atendimento. E isso é possível? Sim, é!

De acordo com a teoria apresentada por Harold Kerzner no livro *Gestão de Projetos: As Melhores Práticas*, a produtividade tende a ser maior em equipes que dividem e conquistam tarefas com base em suas especializações. Isso abrange tanto o time que operacionaliza as entregas quanto o profissional de atendimento.

Além disso, considerando os argumentos de David Epstein em *Por que os Generalistas Vencem em um Mundo de Especialistas*, uma abordagem híbrida pode ser mais produtiva e rentável para uma agência de marketing.

Ter um generalista como ponto central de contato, capaz de integrar várias áreas e manter uma visão holística, combinado com uma equipe de especialistas que fornecem profundidade em suas respectivas áreas, pode oferecer o melhor dos dois mundos. Que tal?

> **1. Generalista como gestor de projetos e atendimento:**
>
> Ter um gerente de projetos generalista que coordena o trabalho e mantém a comunicação com o cliente pode assegurar uma abordagem integrada e coesa.
>
> **2. Equipe de especialistas:**
>
> Alocar especialistas em áreas mais técnicas, como SEO, design, redação, entre outros, pode garantir a alta qualidade dos serviços oferecidos.

Essa combinação permite que a agência aproveite a versatilidade e adaptabilidade dos generalistas, ao mesmo tempo em que garante a profundidade de conhecimento e a qualidade técnica dos especialistas, resultando em uma operação mais eficiente, inovadora e rentável.

Metodologias de atendimento

Iniciamos esta discussão com uma frase que apreciamos muito e que é altamente pertinente quando falamos sobre atendimento:

"O sucesso do cliente não pode vir à frente do sucesso da agência." Essa é a diretriz que deve nos guiar, como donos de agência, na escolha ou na adaptação das metodologias de atendimento.

Como regra básica para o atendimento em uma agência, consideramos que a definição e a organização de processos, assim como a hierarquia, são os pilares desse relacionamento.

Dessa forma, conseguimos organizar as demandas sem sobrecarregar a equipe, enquanto o cliente sabe a quem recorrer e pode prever suas entregas.

Colocando dessa forma, pode parecer simples, mas para que isso funcione, é essencial que ambas as partes conheçam e respeitem os processos estabelecidos.

Assim, você estabelece uma metodologia da agência, e não do cliente. Ou seja, o foco é atender bem o cliente, mas a organização de todo o processo deve ser conduzida pela agência.

Um ponto importante no atendimento é a imersão no negócio do cliente. Atualmente, muitas agências se preocupam em fazer entregas, mas esquecem de pensar estrategicamente no que realmente é válido para aquele cliente, considerando sua área de atuação.

Esse é um dos principais motivos de *churn*. Não dá para colocar todos os clientes em um mesmo "pacote" e seguir apenas com as entregas. É preciso ir além (respeitando, é claro, o contrato), entender as expectativas e buscar soluções adequadas ao negócio do cliente, trazendo isso para o modelo de atendimento.

O processo de atendimento deve ser uma trilha, e não um trilho. Se o seu atendimento é um trilho, a entrega será a mesma, independentemente do cliente. Como trilha, sua equipe passa por um processo de aprendizado e pode personalizar o atendimento e as entregas.

Dito isso, é fundamental que sua equipe de atendimento tenha conversas estratégicas com o cliente, esteja disposta a ouvir, pesquisar e estudar. Novamente, é preciso ir além da simples entrega.

Como criar um modelo de atendimento

Assim como acontece com as *startups*, uma agência só consegue criar um modelo de atendimento errando. Ou melhor, errando, mas entendendo que está caminhando para encontrar o seu modelo ideal.

Precisamos deixar claro que um modelo de atendimento nunca será 100% perfeito. Por isso, o erro deve ser a base do nosso aprendizado e da construção daquele modelo que melhor atenderá a nossa agência e nossos clientes.

É preciso atenção às falhas desse atendimento para que você consiga identificar onde acontecem os erros e aperfeiçoar ou mesmo mudar o seu modelo.

Nós três (Igor, Jean e Karine) passamos por diversos modelos de atendimento. E isso não significa que os modelos anteriores estavam errados. O que acontece, na maioria das vezes, é que o modelo de atendimento precisa ser ajustado conforme o crescimento da agência, o tipo de cliente, entre outras interferências que acontecem no negócio.

Então, ficam algumas lições:

1. Entenda que não existe um modelo de atendimento perfeito;
2. Esteja atento ao seu atendimento;
3. Compreenda que erros vão acontecer;
4. Assuma para você, dono da agência, a responsabilidade pelo erro;
5. Esteja disposto a aprender com esses erros;
6. Faça as adaptações e mudanças necessárias quanto antes.

Maturidade do time e do cliente

A maturidade, tanto do time interno quanto do cliente, é um fator crucial na definição de um modelo de atendimento ao cliente eficaz. E ao pensarmos em atendimento, a tríade **relacionamento, ritmo e resultado** é fundamental.

A escolha do modelo de atendimento — seja um atendimento individual, uma equipe de *customer success* ou um *squad* — dependerá do nível de desenvolvimento das partes envolvidas. Quanto maior a maturidade do time e do cliente, mais complexas e personalizadas serão as demandas.

O que queremos dizer é que essa definição dependerá muito do nível de maturidade das partes para conseguirmos ter um bom relacionamento, um ritmo de trabalho viável e, é claro, bons resultados.

Em geral, a maturidade do time reflete a maturidade da própria agência, o nível de gestão e até mesmo seu perfil de negócio. E isso é diretamente proporcional ao nível de maturidade do cliente, que quanto mais maduro, mais exigências e necessidades diferentes apresenta.

E as ferramentas?

Quando falamos de atendimento, é crucial definir os canais onde esse contato ocorrerá. Não existe certo ou errado, tudo depende do que você escolhe para sua agência. Porém, um ponto fundamental para o sucesso desse atendimento é deixar claras as regras, os canais e os horários de atendimento. São essas definições que darão ritmo ao trabalho da agência.

Portanto, não importa se seu time utiliza e-mail, WhatsApp ou ambos. O essencial é que cliente e equipe saibam qual será o canal principal, como devem ser feitas as solicitações, alterações e aprovações, e em que horários isso deve ocorrer.

Outro aspecto importante é lembrar que "tudo funciona até não funcionar mais". Ou seja, as ferramentas de atendimento têm uma vida útil e precisam se adaptar conforme o modelo da agência evolui. Com as mudanças nas necessidades do atendimento, algumas ferramentas podem precisar ser substituídas ou ajustadas.

Agora é com você, dono de agência!

Para fechar este capítulo, elaboramos algumas perguntas que podem ajudar você a refletir e aprofundar o debate sobre o tema. Essas questões são essenciais para guiar suas decisões e otimizar o modelo de atendimento da sua agência.

- » Qual é, para você, a regra fundamental do atendimento em uma agência de marketing digital?
- » Qual metodologia você acredita que traria mais produtividade e eficiência ao cargo?
- » Com essa abordagem, você garante que a atuação estará alinhada tanto com o sucesso do cliente quanto com o da agência?

Rituais, a chave do jogo

No processo de atendimento, é crucial que a agência desenvolva rituais tanto para o time interno quanto para os clientes.

Gostamos de dizer que os rituais são "a chave do jogo", pois é por meio deles que os alinhamentos e ajustes são realizados. Esses rituais são, na verdade, rotinas fixas e estabelecidas, onde duas ou mais pessoas se reúnem para revisar e alinhar o andamento de um projeto.

Um exemplo comum são as "RTS" (Reuniões Trimestrais de Sucesso), nas quais o time apresenta os relatórios de um projeto ao cliente, a cada três meses. Nesses encontros, ambos analisam os resultados e discutem os próximos passos.

É fundamental que a equipe ajude o cliente a entender a importância desses rituais para o sucesso do trabalho. Muitas vezes, leva algum tempo para que o cliente perceba seu valor, mas, uma vez que isso acontece, o trabalho flui de maneira muito mais eficiente.

Essa eficiência ocorre porque os rituais promovem uma conexão mais forte com o cliente, que passa a ter previsibilidade em seus encontros com o time, permitindo uma preparação mais eficaz para questionamentos, sugestões e novas demandas.

Vale destacar que você também pode (e deve) ter rituais internos, com o objetivo de garantir a qualidade das entregas e o aperfeiçoamento das atividades realizadas pela equipe. Um exemplo são as reuniões semanais para alinhar as tarefas que serão executadas.

Não existe um modelo certo ou errado para a criação de rituais, mas ao definir um, lembre-se:

» O ritual deve ser útil tanto para a agência quanto para o cliente;
» Todo ritual precisa focar na conexão, aprimoramento e qualidade das entregas.

O desafio ao estabelecer rituais é evitar que se tornem reuniões cansativas e improdutivas. É essencial usar o bom senso para definir rituais que contribuam com a produtividade, sem sobrecarregar a agenda da equipe.

O cliente não é seu chefe!

A premissa de que "o cliente tem SEMPRE razão" não funciona para agências. E uma coisa que deve estar bem clara para qualquer dono de agência é: *Sua agência. Suas regras.*

A questão é simples: se você não definir regras, processos e organização na sua agência, seu cliente acabará fazendo isso por você, e, inconscientemente, ele se tornará o seu chefe.

Entendemos que, em determinados casos, especialmente quando é necessário manter um cliente importante, podemos abrir exceções. No entanto, como o próprio nome indica, essas devem ser exceções e não a regra.

O primeiro passo para ter controle sobre seu negócio e implementar regras justas é entender sua base de clientes e a forma como você está precificando seus serviços.

Aqui vai uma pergunta importante: *você já avaliou se o preço que cobra, considerando suas entregas, é realmente justo?* Vale a pena refletir, pois não é incomum encontrar agências que, na prática, acabam "pagando para trabalhar".

Se você percebe que sua precificação está incorreta, o momento é de reorganização. Não adianta atrair clientes que não se pagam.

Após revisar sua precificação e atrair clientes rentáveis, pode ser necessário demitir aqueles que, no final das contas, trazem prejuízo ao seu negócio. Em outras palavras, é hora de "higienizar" sua base de clientes.

Com uma base de clientes saudável, cabe a você e sua equipe manter o controle e a organização dos processos, garantindo que os limites sejam estabelecidos e compreendidos por todas as partes.

CAPÍTULO 8

MITOS E VERDADES

> *"Cuidado no que você acredita.
> Seu negócio não sobreviverá com desculpas."*
>
> **Igor Moraes**

No mundo dos negócios, estamos sempre rodeados por verdades ditas absolutas e frases de efeito que, de tão repetidas, parecem ter virado regras. E nas agências, não é diferente.

Neste capítulo, decidimos pegar essas verdades supostamente consagradas e trazê-las para o mundo real — onde, muitas vezes, elas desmoronam. Já falamos várias vezes ao longo deste livro que não existe o certo ou errado universal, e que cada um deve seguir suas próprias experiências e decisões.

E é justamente com base nas nossas vivências que descobrimos: muitas dessas verdades absolutas não passam de grandes mitos no universo das agências.

[Mito] O preço é o meu diferencial

Vamos quebrar essa ilusão de uma vez: vender bem não significa ser o mais barato. Aliás, se você está competindo apenas pelo preço, já está deixando dinheiro na mesa ou, pior ainda, está cometendo o erro clássico de **precificar como uma criança!**

Infelizmente, muitas agências — especialmente aquelas lideradas por gestores inexperientes — caem na armadilha do "achismo" na hora de precificar seus serviços. Isso é um problema sério.

Para evitar essa postura amadora, é fundamental que você tenha uma planilha detalhada com custos, horas dedicadas, e projeções para cada atividade do projeto. E atenção: a falta de uma planilha de precificação não é exclusividade das eugências — muitas agências estabelecidas sofrem com isso também.

Lembre-se: a precificação deve ser baseada em dados concretos e informações sólidas, não apenas na intuição do dono. E mais, precifique considerando a estrutura ideal de atendimento, mesmo que você ainda não a tenha. Dessa forma, você estará preparado para fazer contratações estratégicas no futuro.

[Verdade] O dono de agência é o maior vendedor, mas não pode ficar aqui

Você, como dono de agência, tem um poder inegável na hora de vender, mas isso não significa que deve assumir esse papel. E o motivo é simples: quando você está à frente das vendas, o cliente acaba usando sua posição contra você, arrancando "condições extras" que nunca aconteceriam em uma negociação padrão.

"Você é o dono, pode liberar esse desconto maior e fechamos agora!"

Frases como essa vão se tornar rotina se você continuar liderando as vendas, e o risco de ceder será alto. Seu *prospect* estará jogando com sua autoridade, sabendo que você tem o poder de tomar decisões ali, na hora, para fechar o negócio.

Outra verdade é que muitos donos de agências têm dificuldade em "largar o osso". Mas aqui vai um conselho direto: evite ser o "cara de vendas". Claro, você pode participar do processo, aprovando a proposta ou influenciando a decisão final, mas não deve ser a linha de frente.

Seu foco deve estar na estratégia, na metodologia do seu produto e nos processos que fazem sua agência funcionar. Deixe a etapa final de vendas para quem pode negociar sem estar emocionalmente envolvido com o resultado — ou seja, alguém que não se sinta pressionado a abrir concessões só para fechar o negócio.

[Mito] Vender sem tempo mínimo de contrato como diferencial

Vender sem tempo mínimo de contrato não é um diferencial. É um erro!

Ao eliminar a cláusula de tempo mínimo de contrato, sua agência **perde a previsibilidade de caixa**, ficando vulnerável a saídas repentinas de clientes. Sem a proteção de uma multa por rescisão antecipada, você não terá tempo para se preparar financeiramente para essa queda abrupta de receita.

Ao criar sua planilha de precificação, você deve diluir os custos da agência ao longo do tempo mínimo de permanência do cliente. Por exemplo, em um contrato de doze meses, o valor pago deve cobrir os custos mensais daquele cliente ao longo desse período.

Além disso, em determinados momentos, como durante o *onboarding* ou em fases críticas de retenção, o cliente demanda mais da equipe. Como o lucro do cliente é gerado pelo LTV (*lifetime value*), ou seja, pelo tempo em que ele permanece na agência, garantir essa previsibilidade é essencial.

Para reforçar ainda mais a queda desse mito, lembre-se de algo importante: ao remover o tempo mínimo do contrato, você perde o faturamento proveniente da quebra de contrato. Em tempos de incerteza financeira, essa receita extra pode ser crucial para manter a saúde financeira da sua agência.

[Verdade] Dono de eugência tem um lucro maior

No capítulo 2 explicamos que a lucratividade do dono de uma eugência é bem maior. E a justificativa é simples: uma eugência não tem gastos com folhas de pagamento, a infraestrutura pode ser menor (lembra do Igor que iniciou sua agência no quarto dos pais?) e até o gasto com ferramentas pode ser reduzido.

Você pode ter 3, 4... até 10 clientes. Todo o valor que eles pagarem será seu, dono de eugência.

Nesse momento, você deve estar se questionando: *Então, devo abrir mão da agência e dar um passo para trás?*

Não! Assim como qualquer pessoa, uma agência passa por momentos difíceis, alguns que podem até ameaçar a sua existência. Mas com maturidade de escalada, aprendizado constante e bom networking a sua agência pode sim dar lucro da mesma forma (e até mais) do que dava quando era uma eugência.

Aqui, basta usar a lógica: não existiriam tantas agências no mercado se elas não fossem lucrativas!

[Mito] O sucesso de agência é medido pela quantidade de pessoas do time

Surpreendentemente, muitos acreditam que o sucesso de um negócio está ligado à quantidade de funcionários. Mas a verdade é bem diferente: uma empresa pode ter 100 pessoas na equipe e ainda assim estar em apuros quando se trata de lucratividade.

Por isso, nunca julgue o sucesso de uma agência pelo número de colaboradores.

É claro que uma agência maior pode necessitar de mais funcionários. No entanto, isso não invalida o fato de que agências menores, com cinco ou dez funcionários, podem ser tão ou até mais lucrativas do que uma com cinquenta pessoas no quadro.

Mais uma vez, o modelo de negócios e a maturidade em escalar é que determinam o verdadeiro sucesso de uma agência, não o número de nomes na folha de pagamento.

[Mito] A IA vai roubar empregos

A Inteligência Artificial Generativa (IAG) é uma subárea da IA que permite a criação de novos conteúdos, como textos, imagens, músicas e códigos, a partir de dados existentes.

Não dá para negar que a IA já faz parte da nossa vida e está mudando nossa forma de trabalhar: mas será que ela irá substituir as agências?

Ao nosso entender, isso é um mito. Não há como fugir da IA, porém, ela está longe de nos substituir 100%.

Para nós, gestores, esse é um ponto que merece grande atenção e precisamos fazer alguns questionamentos:

- » Quem no nosso time está utilizando IA (no sentido de cargos e funções)?
- » Como esse profissional está utilizando a IA?
- » Em que situações (onde) a IA está sendo utilizada?

Acreditamos que o melhor caminho para o uso da IA nas agências está em saber a melhor forma de utilizá-la, considerando não apenas a otimização de tempo, mas também o seu modelo de negócios e o seu fluxo de trabalho.

Ao automatizar tarefas como a geração de relatórios, a IA libera tempo para que os profissionais se concentrem em atividades mais criativas e estratégicas, nos permitindo oferecer resultados mais eficientes e personalizados para nossos clientes.

Uma dica crucial ao utilizar uma IA é analisar a política de privacidade da ferramenta para garantir que esteja em conformidade com a legislação vigente do país. Além disso, é essencial tomar todos os cuidados necessários com plágios e direitos autorais.

Investir tempo para ganhar tempo

A IA, por si só, não faz nada. Se você não fizer excelentes perguntas, trabalhar os prompts da melhor forma possível, a ferramenta entregará o mesmo que entrega para todo mundo.

Por isso, toda vez que a sua agência abraçar uma ferramenta de IA, incentive e capacite seus colaboradores a utilizarem e desenvolverem prompts cada vez melhores e personalizados para cada cliente. Ou seja, invista tempo em entender, aprender e capacitar a IA escolhida.

A falta de personalização de atendimento e serviços tem sido uma das grandes causas de *churns*, e esse é um dos grandes riscos da adoção de IAs sem o tempo de estudo e dedicação necessários para cada cliente.

Lembre-se: marketing sempre será marketing. E a IA chegou para, mais uma vez, fazer com que a gente "suba a régua" das nossas estratégias, entregas e relacionamentos.

CAPÍTULO 9

EXIT | VENDA DO NEGÓCIO

> "Não será sobre você, mas sobre os seus resultados. Torne-se dispensável."
>
> Karine Sabino

Seja qual for a razão que te impulsiona a ser dono de uma agência, inevitavelmente você precisa considerar o futuro do seu negócio e o que fazer se decidir mudar de rumo ou se aposentar.

Conselheiros de grandes empresas sempre recomendam que os CEOs preparem seus negócios como se estivessem prontos para serem vendidos. E é exatamente isso que vamos explorar neste capítulo.

Mesmo que vender a sua agência não esteja nos seus planos imediatos, não ignore esta etapa do livro! Este conteúdo pode revelar novas perspectivas e possibilidades para o futuro da sua agência e para você.

Não tem como vender

Há quem diga que o modelo de agências não foi feito para ser vendido. Mas não concordamos com essa afirmação. Até porque, todos nós (Igor, Jean e Karine) passamos por esse processo.

Vamos lembrar que um empreendedor não costuma se arriscar no mundo dos negócios apenas por idealizar um sonho. Ele se arrisca por um motivo ou propósito muito claro, que geralmente está relacionado a fazer a diferença na vida das pessoas ou mesmo ao enriquecimento.

Uma empresa que segue o modelo de negócios de uma agência e que tem uma gestão muito bem organizada, com processos bem definidos, equipes bem estruturadas e que acompanha as tendências do mercado, impreterivelmente terá em seu caminho a oportunidade do *exit*.

O *exit* é um termo muito comum em startups e se refere ao momento em que o dono da agência, um sócio ou investidor, vende a sua participação no negócio. Existem casos em que o empreendedor planeja o momento do *exit* assim que abre a sua empresa, algo cuidadosamente calculado.

Há ainda outro motivo para a busca do *exit*: o cansaço. Por mais que o empreendedor seja resiliente, até mesmo teimoso, chega um momento de sua jornada em que ele busca a tranquilidade — ou outro desafio.

É importante destacar que no modelo de negócio de agências, a fusão é mais comum que a venda de todo negócio. Ainda assim, existem grandes possibilidades de venda.

Aquisições são parte do mundo capitalista e o conselho que podemos deixar é: mesmo que esse não seja o objetivo do seu negócio, deixo-o sempre organizado e estruturado para uma oportunidade dessa.

Carteira de clientes não é ativo

A carteira de clientes de uma agência não pode ser considerada um ativo na hora de uma venda ou fusão do negócio. E a explicação é simples:

Mesmo que sua agência trabalhe com clientes em recorrência, em determinado momento, esses clientes podem cancelar o contrato. Ou seja, não há garantia de manutenção dessa carteira de clientes.

No caso da venda ou fusão, a carteira de clientes acaba influenciando o *valuation* (termo em português usado para definir o valor da empresa).

Isso porque a carteira de clientes está relacionada à saúde financeira da empresa no momento da venda, mas, como enfatizamos anteriormente, não há garantia de que essa carteira será mantida no pós-venda.

Formatos comuns de vendas

Entre os formatos mais comuns de vendas de uma agência está aquele em que um dos sócios compra a parte do outro. Nesse cenário, o processo geralmente não é tão estruturado quanto em um *exit* formal, resultando muitas vezes de um desgaste no relacionamento entre os sócios ou na decisão de um deles seguir um novo rumo ou empreender em um novo negócio.

Outro fator crucial para o *exit* de uma agência pode ser a presença de talentos. Esses profissionais, reconhecidos por sua autoridade e expertise em áreas específicas, tornam-se ativos valiosos em processos de fusão ou aquisição.

Um exemplo clássico é quando uma empresa adquire uma pequena agência, atraída pelos talentos renomados, para incorporar sua expertise internamente. Outro caso comum é a aquisição de uma agência de especialistas, como uma especializada em Ads, por uma agência maior, para preencher lacunas específicas no mercado.

Um terceiro formato comum de venda é a tecnologia. Neste caso, uma agência desenvolve uma tecnologia inovadora, como um *software*, e vende esse produto e sua expertise para outras empresas. Dado que os donos de agências estão frequentemente na vanguarda da comunicação digital, explorar e monetizar tecnologias desenvolvidas pode ser uma oportunidade interessante e lucrativa.

Construir agências para isso e os caminhos até a venda

Processos, novas lideranças, indicadores e foco. Listando assim, até parece uma receita, e de fato é.

Claro que essa receita leva temperos diferentes, como o modelo do negócio, o perfil do cliente, a maturidade do seu time... Mas ela é acessível e facilmente adaptável.

A verdade é que ninguém constrói nada sem intenção. Então, o primeiro passo é **decidir onde você quer chegar no que você está trabalhando.**

O que você gostaria que acontecesse com o seu negócio em três anos, cinco anos e dez anos?

É claro que nosso mercado é volátil e muita coisa vai mudar, mas o seu foco deveria ser o mesmo.

Quer vender?

Quer que seus filhos herdem?

Quer fazer uma fusão e se tornar um grande grupo?

A ambição é importante neste caso.

Tendo isso em vista, tudo ficará mais fácil, ao menos no que diz respeito ao foco.

Mas vamos ajudar você com essa receita.

Invista em processos

Falar sobre a importância de processos é uma constante nesse livro. E não é por menos!

É muito comum no mercado de agências que o gestor tenha decidido empreender porque possuía habilidades técnicas muito boas. Sendo assim, é fundamental entender que, para ganhar escala, aquilo que se faz sozinho provavelmente não será suficiente.

Não que esses anos de trabalho e metodologia não sejam importantes, mas aquilo que está na sua mente como *modus operandi* precisa ser compartilhado com toda a agência.

Na hora de tirar isso da sua mente e passar ao "papel" se pergunte: *essa maneira de planejar/executar é replicável? Ela torna meu time autogerenciável?*

Se a resposta for, sim, você está no caminho certo. Então, aqui você tem três passos importantes:

1. **Descrição detalhada dos processos:**

Cada processo deve ser bem documentado, incluindo o detalhamento de cada etapa, os responsáveis, prazos e recursos necessários.

2. **Manuais e procedimentos operacionais:**

Após levantadas as informações, elas devem ser transformadas em manuais detalhados e Procedimentos Operacionais Padrões, os famosos POPs para garantir a consistência e a qualidade do trabalho.

3. **Ferramentas de gestão de projetos:**

Use a tecnologia a seu favor para garantir que os processos continuem sendo seguidos e principalmente que o time tenha uma mesma visão sobre o workflow. Isso ajuda a automatizar parte da cadência produtiva.

Crescer não precisa ser uma missão solitária

É comum ouvir empresários dizendo que "empreender é solitário". Entendemos essa colocação, mas não acreditamos que precisa ser exatamente assim.

Além de muito networking e a possibilidade de ouvir o nosso time sempre, como falaremos no Capítulo 11, construir novas lideranças pode potencializar o seu crescimento.

A verdade é que, como gestores, falhamos ao não construir novas lideranças internas. Sim, estamos tão afogados em ações operacionais, em apagar incêndios diários e a lidar com microgerenciamentos que não paramos para escolher quem estará ao nosso lado na trincheira do empreender.

Além de não ter um plano claro de desenvolvimento de líderes, acabamos nos esquecendo de deixar claro, exatamente, por quais motivos estamos trabalhando.

Lembra da visão de futuro? Do propósito da agência? É fundamental serem compartilhadas com os líderes, com o time. Afinal, as pessoas só se engajam com o que conhecem e valorizam o que reconhecem.

É preciso entender que desenvolver lideranças é um trabalho longo e que envolve principalmente a construção de *soft skills*.

Então, o que fazer para dar início?

1. **Análise de competências:**

Não é sobre quem você gosta mais, é sobre quem aguenta a pressão e tem bom desempenho. Avalie as competências atuais da equipe

– quem se destaca? Tendo isso claro, identifique lacunas que precisam ser preenchidas.

2. **Programas de treinamento:**

Desenvolva programas de treinamento contínuo, mas com o foco específico para garantir que as lideranças estejam sendo construídas alinhadas com a sua cultura e visão de futuro.

3. **Planos de sucessão:**

Crie um plano de sucessão de posições-chave para garantir continuidade durante a transição. Além disso, avalie aquilo que você faz e que pode ser delegado para essas novas lideranças.

Não é sobre você. É sobre seus resultados

Quando o assunto é uma fusão, uma aquisição, o foco não está no empreendedor, mas sobre os resultados que ele gera em seu negócio. Sim, vai além de um cliente satisfeito e uma boa reputação no mercado: é preciso ter resultado.

Sabendo que só melhoramos aquilo que conhecemos, é fundamental que tenhamos **indicadores para todas as áreas da empresa** criados e monitorados com frequência.

São esses indicadores que permitirão a você acompanhar o desempenho da operação, identificando áreas que estão indo bem e aquelas que precisam de atenção.

Além disso, são dados claros e precisos sobre o desempenho que permitem que a gestão tome decisões mais coerentes para corrigir problemas e aproveitar oportunidades. Incluindo a revisão dos processos e o desempenho das lideranças.

Transparência e precisão são o que fazem diferença em uma negociação. Então, quanto mais dados você tiver sobre a sua empresa, melhor será essa conversa.

Será importante manter registros financeiros detalhados e auditáveis, garantindo transparência e clareza sobre as finanças da agência, assim como realizar análises regulares de custo-benefício para otimizar os investimentos em processos e tecnologia.

> Exemplos de KPIs importantes para uma fusão:
>
> » KPIs financeiros: receita, margem de lucro, redução de custos, fluxo de caixa;
>
> » KPIs operacionais: eficiência dos processos, tempo de integração de sistemas, cumprimento de cronogramas;
>
> » KPIs de recursos humanos: retenção de talentos, satisfação dos funcionários, sucesso de programas de treinamento;
>
> » KPIs de cliente: retenção de clientes, satisfação do cliente, crescimento da base.

Seguindo esses pontos, a agência pode criar processos e fluxos de trabalho robustos e flexíveis, prontos para suportar a complexidade e os desafios de uma fusão ou aquisição.

Dessa forma, você garante uma integração bem-sucedida e o crescimento sustentável da empresa, além de não depender apenas do gestor para construir as condições ideais para esse momento.

Case: Fusão de agências

Saiba como foi o processo de fusão das agências Adove, gerida pela Karine Sabino e a Labra:

> "A Abraind nasceu em agosto de 2023, fruto da união de duas agências nacionais: Adove e Labra. Mas para se chegar à fusão das duas empresas, um longo e planejado caminho foi percorrido. E é essa história que conto para você!
>
> A Adove atuou no marketing digital e vendas para negócios B2B, principalmente indústrias, durante 14 anos. A empresa era reconhecida por oferecer diferenciais comprovados por indicadores e retorno de investimento, como estratégias exclusivas e posicionamento bem definido.
>
> Já a Labra, com 11 anos de experiência de mercado, foi criada com o propósito único e exclusivo de atender e satisfazer as principais necessidades do setor industrial. A empresa construiu seu espaço, se tornando uma das grandes referências de marketing industrial no país.
>
> Apesar de o mercado ver as duas agências como concorrentes, tanto o ex-CEO da Labra, Anderson Luis Lorenzini, quanto eu, que era a CEO da Adove, não nos víamos dessa forma.
>
> Então, ao invés de disputarmos o mercado, optamos por somar e potencializar nossas vendas por meio de um novo modelo de negócios. Nascia então, a nossa fusão.
>
> A fusão de empresas é o processo de combinar duas ou mais organizações em uma única entidade, visando obter sinergias, aumentar a eficiência e expandir a participação no mercado.
>
> A decisão de seguir por esse caminho foi baseada, principalmente, pela necessidade de acelerar o desenvolvimento de novos serviços e potencializar os já existentes.
>
> As conversas tiveram início em 2022 e depois de um longo processo de análise de mercado, as agências optaram pela

fusão visando se tornar uma das maiores empresas focadas na expansão de indústrias através da tríade de marketing, vendas e tecnologia.

Gosto de dizer que a habilidade mais lucrativa que um gestor pode ter é tomar boas decisões. E como o mercado exigia uma adaptabilidade e uma aceleração de novas competências, percebemos que a nossa curva de desenvolvimento e crescimento seria muito maior se somássemos competências.

Entendemos que esse novo avanço exigiria também transformações: um novo modelo de negócios, uma nova atuação no mercado, a redefinição de perfil de clientes, uma nova cultura organizacional.

Levamos essa visão para os times e explicamos que, se quiséssemos escalar mais essa montanha (uma analogia que gostávamos de usar), precisaríamos acelerar algumas transformações.

Durante o processo, utilizamos como base o livro A arte da guerra, de Sun Tzu, e tomamos como referência alguns ensinamentos desta obra, como, por exemplo:

» Seja flexível: esteja disposto a adaptar suas estratégias conforme necessário para lidar com as mudanças nas circunstâncias;
» Conheça suas forças e fraquezas: compreenda plenamente seus recursos e limitações para utilizar seus pontos fortes e mitigar suas fraquezas;
» Aja conforme a situação: adapte suas ações conforme a situação específica e as condições em que você se encontra;
» Crie alianças estratégicas: estabeleça parcerias e alianças com outras pessoas ou grupos que possam apoiar seus objetivos.

Um ponto que devo ressaltar é que, ambas agências conheciam muito bem suas forças e suas fraquezas e entendemos que essas forças e fraquezas eram complementares. Isso significa que nossa (Adove) força era a fraqueza da Labra e vice-versa. E isso nos favoreceu muito.

Outros motivos que nos impulsionam para essa fusão foram:

- *Competências complementares: entendemos que as habilidades técnicas das equipes se somavam;*
- *Mesmo segmento: entendemos que poderíamos nos tornar maiores ao não disputar os mesmos clientes do segmento de indústrias;*
- *Sinergia de cultura: as culturas das empresas eram similares e o interesse no futuro também;*
- *Aceleração estratégica: acreditamos que poderíamos acelerar mais rápido ao unir toda a expertise e habilidade das empresas.*

Foram 10 meses de conversas e estruturação de processos, novas lideranças, KPIs e tudo o que era necessário para essa adequação (exatamente o que explicamos no Capítulo 8), até que a fusão fosse apresentada a todos.

A operação da Abraind iniciou-se com oito clientes com operações internacionais, mais de 50 contas nacionais e uma equipe multidisciplinar com 40 profissionais. E hoje nos posicionamos como a inteligência que impulsiona a expansão da indústria e seu ecossistema."

Case: Aquisição da Conexorama pelo Grupo Duo

Entenda como foi a aquisição da Conexorama, empresa criada e gerenciada por Jean Vidal, pelo Grupo Duo:

> "No mercado de aquisição de agências, é muito mais comum vermos uma fusão de agências do que a compra de uma por outra. Quando começamos a conversar com o CEO do Grupo Duo, João Brognoli, dois pontos importantes foram considerados:
>
> O primeiro é que nós, da Conexorama, já havíamos passado por um processo de possível aquisição por outra empresa. Chegamos a 90% do processo, mas não foi finalizado. Essa experiência abriu meu pensamento e a compreensão do processo de merge and acquisition (M&A), que é o termo utilizado para designar o processo de consolidação entre duas ou mais empresas.
>
> Isso aconteceu em 2019, quando nos aproximamos de uma agência de ponta, referência no mercado. Neste processo, ambos buscamos o apoio de consultorias para aprender sobre o processo de M&A: fizemos uma carta oficial de intenção de compra, fizemos o 'valuation' (avaliação de empresas), o due diligence (processo de investigação e análise de informações das empresas) e chegamos até a elaboração do contrato societário.
>
> Então, chegou a pandemia, e cada agência seguiu seu caminho, sem fecharmos negócio.
>
> Apesar disso, foi um período de bastante aprendizado, pois pude conhecer os passos do processo na totalidade e as nuances de uma venda tão complexa como essa.
>
> Tempos depois, voltei a buscar uma nova oportunidade de aquisição, com menos afinco, mas sempre cuidando da saúde da Conexorama.
>
> Quando conhecemos o Grupo Duo, falei sobre minha intenção de fazer parte de um grupo maior de empresas e busquei ativamente uma oportunidade de aquisição.

E aqui entra o segundo ponto: o Grupo Duo também tinha experiência com processo de aquisição, até maior que a minha. Então, se o meu primeiro processo levou um ano, dessa vez foram três meses de conversas diretas e precisas.

Nesse contexto, você precisa entender que existem detalhes que acabam se tornando grandes (em importância e trabalho) para que seja feita a aquisição, como, por exemplo, o valuation, nome da marca, o projeto de futuro da sua empresa, as decisões acerca da fusão de equipes, entre outros.

Todos esses detalhes acabam se relacionando diretamente ao desejo de ambas as agências. No nosso caso, o Grupo Duo tinha o desejo de ter uma autoridade no nicho e expertise que a Conexorama sempre teve. E nós, além do lado financeiro, também tínhamos o interesse pelo reconhecimento e pela experiência de fazer parte de algo maior."

Para um processo de aquisição, algumas coisas são essenciais, como: saúde financeira, EBITDA, marca... Mas o que realmente queremos mostrar neste capítulo é que é possível sim uma agência adquirir outra e você, que está lendo esse livro, pode se planejar para isso.

Hoje, as agências estão crescendo como modelos de negócio, por isso, esteja sempre organizado e se prepare para oportunidades de crescimento junto a outras.

Case de "insucesso": Quando ser dono de agência não é o caminho.

Infelizmente, nem todo mundo vai se dar bem como dono de agência ou vivenciar o modelo que temos no mercado. No caso do Igor Moraes, essa situação acabou se tornando um case de "insucesso", mas com lições que valem a pena serem compartilhadas.

> *"Já 'bati muito a cabeça' nessa área. Comecei meu primeiro negócio devido a uma demissão (os detalhes estão no Capítulo 1) e abri a minha primeira agência no meu quarto, na casa dos meus pais.*
>
> *Três anos depois, eu já tinha uma agência maior, sediada em um escritório em um shopping, toda estruturada e com 25 funcionários. Na época éramos parceiros da RD Station como Agência Platinum.*
>
> *Mas, como dizem por aí, 'grandes poderes, grandes responsabilidades'. Minha agência cresceu de uma forma muito acelerada, sem que olhássemos e respeitássemos o platô, ou seja, sem ter o entendimento do que precisávamos melhorar para retomar um crescimento saudável.*
>
> *Não me arrependo, confesso. Mas esse crescimento acelerado custou algo muito valioso: a minha saúde. Tive crises de ansiedade ao ponto de sentir pânico ao pensar em ir para a agência.*
>
> *Foi nesse momento que percebi que havia alguma coisa errada, pois sempre dei muito valor à minha liberdade: quero ganhar dinheiro, quero crescer, quero, enfim, desbravar o mundo dos negócios. Mas também quero liberdade para poder usufruir de tudo isso. E isso era o que eu menos conseguia fazer nessa época.*
>
> *Com as crises de ansiedade e burnout, conversei com meus sócios e resolvi sair da agência.*

Optei por seguir sozinho e recomecei a minha eugência no quarto de casa. Foi quando decidi que queria ter um negócio mais 'enxuto', por isso decidi terceirizar algumas coisas na minha operação. Criei uma equipe comercial para vender de novo e terceirizei as atividades para pequenas agências.

Nesse momento, percebi que muitas dessas pequenas agências não tinham organização, e comecei a entrar nessas agências para dar consultorias. Foi quando um amigo me aconselhou a ensinar exatamente isso: a organizar pequenas agências.

E foi exatamente isso que fiz. Comecei a dar consultorias e mentorias para agências e hoje já mentorei mais de 3 mil agências, trazendo exatamente tudo o que vivenciei no campo de batalha.

É por isso que busco encorajar empreendedores a se lançarem no mercado e a aproveitarem a oportunidade de construir seus próprios negócios, mesmo diante das dificuldades."

CAPÍTULO 10

O QUE EU GOSTARIA DE SABER QUANDO COMECEI

> "Não existem verdades absolutas. Mas, saiba que para cada escolha, há uma renúncia."
>
> **Igor Moraes**

Um dos principais objetivos ao nos reunir para escrever este livro é oferecer a você, que é ou deseja ser dono de uma agência, uma visão aprofundada e realista deste universo. Queremos compartilhar nossas experiências, erros e acertos para que você possa aprender com o que vivenciamos e, assim, acelerar o seu próprio sucesso.

Enquanto desenvolvíamos o conteúdo, refletimos sobre várias lições que gostaríamos de ter aprendido mais cedo. Pensamos em como nossos desafios e triunfos poderiam ter sido enfrentados melhor com o conhecimento que temos agora.

Como enfatizamos, não existem verdades absolutas. Mas ao conhecer alguns caminhos percorridos, podemos mudar e facilitar a nossa rota.

Escala versus escalabilidade

Escala e escalabilidade são dois conceitos frequentemente utilizados como sinônimos em contextos de negócios e tecnologia, mas possuem significados distintos.

Ambos são cruciais para estratégias de crescimento, especialmente em ambientes onde a capacidade de crescer rapidamente e de forma eficiente podem determinar o sucesso de uma empresa ou produto.

Então, vamos ao que interessa:

A **escala** enfatiza o **tamanho** atual ou o nível de operação. Já a **escalabilidade** está relacionada à **capacidade de crescer ou expandir** de forma eficiente e sustentável.

Trazendo para a realidade das agências de marketing, podemos afirmar que existe uma diferença ainda entre escalável e escalonável baseada no tempo/pessoas/atenção. Por exemplo:

» SEO é um exemplo de escalabilidade. Você pode começar com uma pessoa dedicando algumas horas por semana e, ao longo dos anos, aumentar o número de visitantes do seu site de 1.000 para 40.000 sem a necessidade de expandir proporcionalmente a equipe ou as horas de trabalho;

- Eventos são escalonáveis. Organizar um evento para 30 pessoas pode exigir uma equipe de 5 pessoas, mas para um evento de 3.000 participantes, você precisará de uma equipe de 200. A demanda cresce de forma diretamente e proporcional com o tamanho do evento;

- Ads (anúncios pagos) é um caso mais complexo. Embora possa parecer escalonável, na prática, é um equilíbrio entre escalabilidade e escala. Com um investimento de R$1.000 por mês, uma única pessoa pode gerenciar as campanhas. No entanto, com um investimento de R$500.000 por mês, você precisará de uma equipe maior e mais recursos.

Mais investimento em Ads não significa simplesmente aumentar a verba. É necessário monitorar, otimizar, criar e testar constantemente, e distribuir o orçamento em diversas campanhas menores. Além disso, duplicar o investimento não resultará necessariamente em um retorno proporcional, devido à competição no leilão de anúncios e variáveis de demanda e oferta.

Entender cada produto, através do potencial entre escalável e escalonável, ajudará na organização e controle final do processo. Aprender e organizar processo, pessoas e produtos por essa categorização inicial facilitará e empoderará o resultado final da agência.

Dizer "não" e acelerar com foco

Um dos principais motivos pelos quais nos afastamos de nossos objetivos centrais como gestores de agências é a dificuldade em dizer "não". Culturalmente, enfrentamos sérias dificuldades em recusar pedidos, sejam eles simples ou complexos.

Porém, se tivéssemos aprendido a dizer "não" no passado, teríamos evitado uma série de desperdícios nas agências, principalmente de tempo e de dinheiro.

Isso porque, na dificuldade de entender o que nos cabe ou nos convém, acabamos tomando várias decisões por impulso, por pensar apenas no curto prazo, por muitas vezes priorizar o financeiro e não o posicionamento e histórico da agência. E situações como essas podem estar acontecendo com você nesse momento.

É comum, e enfatizamos, não está errado, que no início de uma agência, os "sim" costumem ser muito mais frequentes. Afinal de contas, nesse momento, o foco está no financeiro e o planejamento costuma ser a curto prazo.

Mas, à medida que a sua agência cresce, é preciso ocorrer uma mudança de mentalidade. E isso é sinal de maturidade — sua como gestor e da agência como negócio.

Toda escolha significa uma renúncia. Então, como dono de agência, você precisa fazer suas escolhas e renunciar àquilo que vá fugir do propósito do seu negócio. Muitas vezes, o "não" é muito mais lucrativo do que você poderia imaginar.

Entenda que, diante de toda situação, temos duas respostas possíveis: **sim com condições ou um não com persuasão**. Quem diz sim para tudo acaba sem foco! Então, você precisa aprender a dar o "sim", sem onerar seu tempo e objetivos por isso!

O principal conselho que podemos dar, nesse caso, é: *Pare de acreditar que toda boa proposta merece o seu sim!*

Algumas propostas nos consomem tempo e dedicação que deveriam ser empregados na própria agência. Muitas vezes acabamos mudando nosso foco e aceitando desafios que não são nossos.

O que temos que ter em mente é que **cada um de nossos "sim" precisa ser estratégico.**

Já os nossos "não" precisam vir com persuasão. Isso significa que esse "não" deve vir embasado, endossado por algo. Afinal de contas, todos somos movidos por "porquês", por isso, sempre contextualize o seu "não".

Assim, você evita mal-entendidos, mantém as portas abertas para novas propostas e, principalmente, não se sobrecarrega com algo que, em pouco tempo, não fará tanto sentido.

Como as agências são e como poderiam ser!

O caminho para o sucesso de uma agência é repleto de desafios, mas também de oportunidades. E aqui, usaremos uma frase do Igor Moraes para nos aprofundar neste tópico:

"Não procure um público para sua solução, e sim, criar uma solução para seu público".

Podemos dizer que esse movimento de "criar uma solução para o público" já vem acontecendo em algumas agências. Porém, muitas outras têm perdido oportunidades por estarem presas apenas ao seu modelo de negócios inicial.

Muitas agências focam apenas em "fazer pelo cliente", ou seja, o seu principal negócio é executar. Essa agência tem uma metodologia e, a partir dela, executa o projeto proposto pelo cliente.

O que acreditamos que uma agência pode e deve ser é ir além dessa execução. Isso significa que, além de executar, uma agência também pode:

» Ensinar;
» Acompanhar;
» Fazer pelo cliente;
» Orientar.

Mas o que isso quer dizer?

Na prática, isso significa que você, dono de agência, pode criar uma série de serviços relacionados à sua agência para atender outras demandas de seus clientes, como, por exemplo: oferta de cursos de capacitação, mentorias, treinamentos, entre outros.

Em resumo, o que queremos dizer é que você, dono de agência, pode ganhar muito dinheiro indo além da execução das atividades. E o potencial para isso você já tem na própria agência e com base em sua experiência e de sua equipe.

Ao criar uma esteira de serviços, é possível, além de cobrir os custos da agência, obter uma margem de lucro ainda maior.

CAPÍTULO 11

O QUE PODE FACILITAR O SEU JOGO

> "Ambiência e conhecimento podem facilitar sua jornada, desde que tenha foco."
>
> **Jean Vidal**

Controle financeiro, processos, rituais, alinhamentos... Tudo isso faz parte da vida de agência. Mas "sair" da agência também pode ser fundamental para o sucesso dela.

A vida de agência exige mais do que estar o tempo todo num escritório ou em frente ao computador em seu *home office*. É preciso buscar outras fontes de conhecimentos, conhecer novas pessoas, aprender de formas diferentes.

Neste capítulo, damos uma amostra sobre o que nós fazemos quando saímos da agência.

Lemos livros

Você já sabe que a vida em uma agência é cheia de desafios e oportunidades, e todos os dias surgem novos cenários que exigem adaptabilidade, criatividade e, acima de tudo, conhecimento. É aí que a leitura entra como uma ferramenta essencial para o seu crescimento profissional e o sucesso do seu negócio.

Quando você se perde nas páginas de um bom livro, abre-se um universo de experiências e perspectivas. Cada autor oferece um mundo único, cheio de vivências e insights que podem mudar a maneira como você vê os desafios e as oportunidades. Para um gestor de agência, isso significa acesso a uma variedade de situações e soluções que podem ser aplicadas no seu trabalho diário.

Ler sobre as experiências de outros empreendedores, casos de sucesso e até mesmo os tropeços alheios proporciona uma visão mais clara do que funciona e do que não funciona no mundo dos negócios. Essa visão diversificada pode ajudar você a evitar erros comuns e adotar práticas que realmente fazem a diferença.

Por isso, reserve um tempo para mergulhar nos livros, escolha aqueles que desafiem e inspirem você, e descubra como essa prática pode levar sua gestão e o sucesso da sua agência a novos patamares.

Aqui estão quatro livros que você precisa conferir e que podem transformar a sua abordagem na gestão da agência:

- *O Mito do Empreendedor*, Michael E. Gerber: o livro aborda o olhar que um investidor tem ao analisar uma empresa, e traz uma série de ensinamentos com base no estágio em que o seu negócio está;

- *Psicologia Financeira*, Morgan Housel: o sucesso de uma empresa está atrelado à forma como o gestor lida com o dinheiro. Justamente por isso, essa leitura pode fazer uma grande diferença no seu negócio;

- *A Meta*, Eliyahu M. Goldratt: o poder da melhoria contínua. Esta obra, escrita há 40 anos, nos faz pensar além da gestão da empresa. Ela aborda o impacto silencioso de nos mantermos estáticos frente ao avanço da empresa;

- *Gestor Eficaz*, Peter Drucker: um guia prático para líderes e gestores, focado em como aumentar a produtividade e eficácia no trabalho. Aborda a importância de resultados e a necessidade de foco em atividades que realmente fazem a diferença.

Ouvimos a nossa equipe

Ao empreender, muitas vezes caímos na armadilha de acreditar que somos os únicos com a solução perfeita. Essa sensação de superioridade pode nos levar a pensar que a nossa maneira de agir é a mais coerente e correta, o que, na prática, torna todo o processo muito mais complexo do que realmente deveria ser.

É exatamente nesse ponto que seu time se torna essencial, tornando a jornada do empreendedorismo muito menos solitária do que você imagina. Seu time não apenas o conhece, como deve conhecer profundamente o modelo de negócio em que está inserido, permitindo que tome decisões acertadas e alinhadas com a cultura da empresa.

Ouvir o time precisa, antes de tudo, ser algo sincero. Uma escuta ativa, para gerar novas perspectivas, maneiras de avaliar e executar ações a partir de outras experiências e visões.

Obviamente, não caberá ao time a decisão final, se assim o gestor quiser, mas isso não é um impeditivo para que a gestão seja mais participativa. O sucesso da agência não precisa ser responsabilidade de uma pessoa só.

Aqui, cabe muito bem a citação *"—Quem estará nas trincheiras ao teu lado? — E isso importa? — Mais do que a própria guerra"*, atribuída a Ernest Hemingway. Afinal, o engajamento e comprometimento do time é diretamente proporcional ao quanto confiamos e os tornamos autogerenciáveis lhes dando autonomia.

Os benefícios de ouvir a sua equipe

Entre os principais benefícios de se dispor a ouvir atentamente a sua equipe e dar espaço para novas ideias, estão:

Colaboração e inovação

A diversidade dentro da equipe é um catalisador poderoso para a inovação e a criatividade. Com diferentes perspectivas e experiências, os membros da equipe podem abordar problemas complexos de maneiras novas e eficazes. Essa variedade de pontos de vista não só facilita a resolução de desafios, mas também pode abrir portas para oportunidades inesperadas, como o desenvolvimento de novos produtos ou serviços. Em essência, a colaboração entre indivíduos diversos não apenas enriquece o processo criativo, mas também pode transformar desafios em vantagens competitivas para a agência.

Engajamento e motivação

Já falamos isso, mas não custa repetir: "Ninguém respeita aquilo que não conhece e nem valoriza o que não reconhece". Colaboradores que sentem que suas opiniões são valorizadas tendem a estar mais engajados e motivados. A participação ativa do time no processo decisório pode aumentar a satisfação e o desempenho no trabalho.

Tomada de decisão equilibrada

Para atuar de forma justa e equilibrada, é fundamental ouvir o time, pois isso proporciona um senso coletivo de justiça e consideração por múltiplas opiniões. A inteligência coletiva frequentemente supera a capacidade individual, permitindo que decisões mais bem fundamentadas e equilibradas sejam tomadas.

Sucessão

Falhamos ao não criar novas lideranças, então comece logo a entender quem são os destaques do seu time tendo um momento consultivo com eles. Ouvir o time desenvolve habilidades de liderança, como empatia, comunicação eficaz e capacidade de delegar. Isso cria um ambiente de confiança e respeito mútuo, fundamental para o crescimento organizacional.

Adaptabilidade

A adaptabilidade é uma característica crucial que diferencia as agências bem-sucedidas das demais. Em um mercado altamente volátil e dinâmico, a capacidade de avançar rapidamente é essencial. Ouvir o time é fundamental para identificar problemas emergentes e implementar soluções ágeis e eficazes.

Embora empreender possa parecer uma jornada solitária, o verdadeiro sucesso vem da colaboração e da inclusão de diversas perspectivas na gestão da empresa. Gestores que valorizam a opinião do time não apenas fortalecem a coesão e a inovação, mas também estabelecem uma base sólida para o crescimento contínuo e resiliente da agência.

Investimos em networking

Estabelecer parcerias estratégicas e construir uma rede de contatos eficazes são fundamentais para o crescimento e sucesso de uma agência de marketing digital.

Parcerias estratégicas são aquelas em que ambas as empresas têm objetivos alinhados, complementam habilidades e recursos, e concordam em trabalhar juntas para alcançar um objetivo mútuo.

Já o networking é a arte de fazer conexões profissionais para trocar ideias e abrir portas para novos negócios.

A maioria dos movimentos que fizemos como profissionais, e que nos fizeram chegar onde estamos, foram feitos por meio de networking. Inclusive a parceria que fez nascer este livro.

Por isso, a nossa dica de ouro é: saiba se incluir em ambientes favoráveis para o seu negócio!

Sabemos que muitas agências operam 100% em *home office* e investem pesado em campanhas online para trazer novos clientes. Mas se você está fazendo apenas isso, saiba que está perdendo excelentes oportunidades.

Um dono de agência precisa estar presente em eventos, marcar um café com parceiros, conversar com outros empresários. E, hoje, oportunidades para isso não faltam.

Seja em um evento de marketing digital, grupos ou em feiras de negócios, as oportunidades estarão lá. Mesmo que não sejam eventos relacionados diretamente ao seu nicho.

Saia do tradicional e busque espaço em outros ambientes. Quer um exemplo?

Se sua agência tem como foco o atendimento a construtoras, ir a uma feira de construção civil pode fazer todo sentido para o seu negócio. Você não estará lá para aprender sobre as novidades daquele setor, mas sim para conhecer pessoas importantes da área e, então, apresentar o seu negócio e a sua especialidade em atender aquele mercado.

Fazer networking não é um bicho de sete cabeças e você não precisa "entrar em um personagem" para fazer essa aproximação com outras pessoas.

Para nós, os três pilares de um networking eficaz são:

1. Seja autêntico: isso ajuda a criar conexões mais fortes e duradouras;

2. Ofereça valor: não se trata apenas de vender, mas de fornecer soluções e agregar valor aos contatos;

3. Estabeleça parcerias: identifique oportunidades de parceria com outros profissionais e empresas do setor.

Onde encontrar oportunidades de networking

Como já citamos, encontrar boas oportunidades de networking vai exigir que você saia do lugar-comum. Mas calma, nada disso é tão complicado como parece. Por isso, deixamos aqui quatro dicas simples de lugares para criar relacionamentos e que podem mudar o seu destino e o de sua agência:

» Mentorias: grupos de empresários que compartilham experiências e conhecimentos. Exige investimento, mas é muito eficaz;

» Grupos empresariais: entidades, órgãos empresariais e outros grupos que reúnem empresários e profissionais;

» Programas de parceria: programas específicos que facilitam encontros e networking entre agências e clientes, como o programa de parceria da Great Pages;

» Feiras de negócios: tanto feiras relacionadas ao seu negócio, como também relacionadas ao nicho de seus clientes podem promover bons encontros e parcerias.

AGRADECIMENTOS

Jean Vidal

Aos meus pais, em especial à minha mãezinha, dona Tânia, por ser o porto seguro da nossa família, e para minha paixão maior, a Juliana Noronha. A cada dono de agência que já trocou experiências comigo, para cada pessoa que esteve ou está na Conexorama e para toda a equipe que se formou para transformar este sonho em realidade, com ênfase a Shy e a Ana Paula pelo apoio de sempre.

Karine Sabino

A minha família, que é sempre meu porto seguro e incentivadores. Aos meus sócios por serem parte dessa história. A Mah, grande amiga, que é sempre apoio e nunca me deixa desistir. E a todos os amigos e mentores que me oferecem sempre o melhor da ambiência e me lembram que a vida pode ser leve.

Igor Moraes

Este livro só foi possível graças ao apoio da minha família e, especialmente, da minha esposa, Jeanny Moraes, que sempre foi meu equilíbrio. Ao meu sócio, Alison Zigulich, pela parceria e aprendizados ao longo do caminho. E a todos os donos de agências que confiaram em mim — este livro é para vocês, que buscam mais lucro e liberdade. Obrigado por estarem comigo nessa jornada.

BIBLIOGRAFIA

COLLINS, Jim. Empresas feitas para vencer. Rio de Janeiro: HSM Editora, 2018.

DRUCKER, Peter. O gestor eficaz. São Paulo: LTC, 1990.

GERBER, Michael E. O mito do empreendedor. Rio de Janeiro: Fundamento, 2011

GOLDRATT, Eliyahu M. A meta: um processo de melhoria contínua. 2. ed. São Paulo: Nobel, 2014.

HOUSEL, Morgan. A psicologia financeira: lições atemporais sobre fortuna, ganância e felicidade. Rio de Janeiro: Harper Colins, 2021.

MIMBANG, Jean Blaise. O Modelo de Crescimento Greiner para a mudança organizacional: Antecipação de crises e adaptação a um mundo empresarial em mudança. Editora 50minutes.com, 2023.

SINEK, Simon. Comece pelo porquê: como grandes líderes inspiram pessoas e equipes a agir. Rio de Janeiro: Sextante, 2018.

SUN TZU. A arte da guerra. São Paulo: Editora Record, 2010.

SUTHERLAND, Jeff. Scrum: a arte de fazer o dobro do trabalho na metade do tempo. Rio de Janeiro: Sextante, 2019

DVS
EDITORA

www.dvseditora.com.br

Impressão e Acabamento | Gráfica Viena
Todo papel desta obra possui certificação FSC® do fabricante.
Produzido conforme melhores práticas de gestão ambiental (ISO 14001)
www.graficaviena.com.br